お金の話に強くなる!

為替のしくみ

standards

はじめに

為替というと、投資や海外旅行をするときぐらいにしか意識したことがない人も多いかもしれません。ですが、実は私たちが生活する上で為替は非常に大きな役割があります。

クレジットカードの支払いや銀行振込など、誰もが行うことも実は為替取引の一種です。また、ニュースなどで報じられる1ドル＝〇〇円などのような情報（為替レートといいます）も自分には関係ないと思っている人もいるかもしれませんが、スーパーに並ぶ輸入された商品の価格は為替レートの変動によって変わりますし、日本製の家電でも材料が海外から輸入されたものであれば、やはり商品価格が変わってきます。

そう聞くと身近なものだと感じませんか？　さて、そんな身近な為替ですが、1日でどれくらいのお金が為替市場で取引されているか知っていますか？

実に1日5兆ドルという大規模な取引が行われています。これほどまでに大規模な取引がされているにもかかわらず、私たちは為替について多くを知りません。

外貨と円の交換比率がなぜ変動するのかや円高や円安とはどういうことなのか？　中央銀行はなぜ為替介入などを行うのか？　などなど考えてみるとわからないことだらけです。

なぜなら、為替のしくみは学校などで学ぶ機会は少なく、また、世界的な経済危機が発生したときに大変動をすれば、関連ニュースとして報道されることもありますが、通常は、最後の方にひとことふたこと触れられる程度で何が起きているのかまでは解説されません。

しかし、世界を知る上で為替は重要なものです。為替はひとつの国で完結するものではなく、世界中のさまざまな出来事によって変動しています。たとえば、日本とは遠く離れた国で大事件が起これば、回りまわって日本の円に影響を与えることもあります。逆に言えば、為替がなぜ変動したのかを知れば、世界で何が起こっているのかを知ることができます。

本書では、為替ってなんなのか？　私たちの生活にどれくらい関係があるものなのか？　なぜ動くのか？　為替を知ることでどうなるのか？　などなど為替の知識がゼロの人でもわかるように「株式会社外為どっとコム総合研究所」取締役調査部長の神田卓也さんにご協力いただいて解説していきます。

多くの方にとって本書が為替の基本と重要さに気づくきっかけになれば幸いです。

目次

第3章 為替のレートが動く理由ってなに？ 65

第8章 リーマンショック後の通貨危機を教えてください

為替について解説する人
神田卓也

外為どっとコム総合研究所 取締役 調査部長 上席研究員。1987年福岡大学法学部卒業後、第一証券（株）（現三菱UFJモルガン・スタンレー証券株式会社）を経て、1991年（株）メイタン・トラディション入社。インターバンク市場にて、為替・資金・デリバティブ等の各種金融商品の国際取引仲介業務を担当。2009年7月（株）外為どっとコム総合研究所入社。

為替について知りたい人
小林美香

今年で30歳になる会社員。これまで為替や投資などに触れてこなかったが、神田さんと出会ったことで、為替に興味を持つように……。

必ずお読みください

本書は為替に関する基本的な情報の提供を目的として制作しました。また、特定の金融商品の購入、および為替取引、サービスの利用を勧めるものではありません。

本書は2021年７月時点の情報をもとに制作しております。

第1章

為替は私たちの生活にどんな影響があるの？

為替取引というと、投資や海外旅行をするときに両替するくらいにしか使われていないと思われがちですが、実は私たちが生活するうえで誰もが意識せずに使っています。為替がどのように使われているかを説明していきましょう。

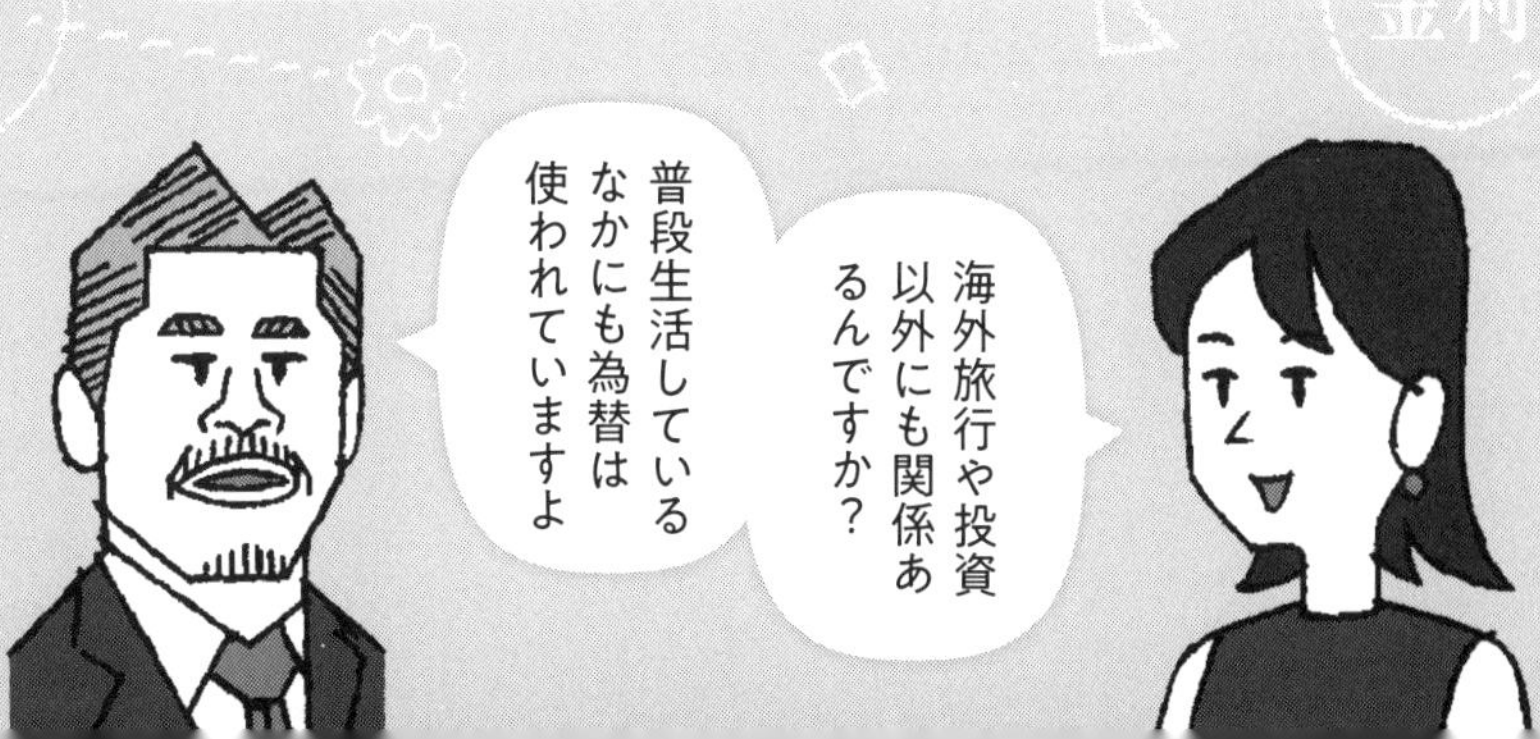
海外旅行や投資以外にも関係あるんですか？
普段生活しているなかにも為替は使われていますよ

為替は私たちの生活に影響があるんですか？

まずは、為替の成り立ちや私たちの生活にどんな影響があるのかを学んでいきましょう。ここを理解することで為替の動きが見えてきます。

為替ってニュースとかでよく聞きますけど、私たちの生活にも関係があるものなのですか？

もちろん関係していますよ！　ちなみに、為替っていうとどんな印象がありますか？

う～ん。海外との貿易とかＦＸ投資とかですか？

ふむふむ。それは、外国為替ですね。

外国為替？　為替とは違うんですか？

為替の仲間ですね。為替には外国為替と内国為替があります。海外とのやり取りは外国為替で、国内でのやりとりは内国為替と呼びます。

知らなかった……。

銀行の振込なんかを内国為替と呼ぶのですが、小林さんも経験ありますよね？

え！　銀行振込も為替なんですか！

そうですよ。こう聞くと生活の中にも為替が役立ってる気がしてきませんか？

たしかに。全然関係ないって思ってたけど意外とそうでもないんですね。

為替は銀行振込以外にもまだまだたくさん生活に関係していますよ。

Q そもそも為替っていつからあるの？

A 為替は江戸時代に発達しました。

普段何気なく耳にする「為替」ですが、どんなことを思い浮かべますか？

郵便為替や外国為替レートなどがありますが、実はよくわかっていないという人も多いでしょう。

「為替」の歴史は古く、日本では江戸時代の大阪で大きく発達したといわれています。当時は、「大阪の銀遣い、江戸の金遣い」といわれ、東西の大口取引で使われている貨幣が異なっていました。同じ日本なのに使われている貨幣が異なることは今では考えられませんが、西では銀山が多く、東には金山が多かったことや東西で経済圏を分ける性質があったなどいろいろな要素が重なり、自然にこのような違いができたといわれています。また、これに加えて庶民や小口取引には「銭」という貨幣が使われていたので、実質的には3種類の貨幣がありました。

江戸時代の大阪には各地の大名が年貢や特産品を貯蔵する蔵屋敷を設置し、そこから日本中に物資を届けていくのが江戸時代の物流の基本的な形でした。

こうなると、東西間の物資の移動にともない、金貨と銀貨の両替が必要になります。しかし、直接金貨や銀貨を運ぶには盗難などのリスクがともないます。

そこで登場したのが為替手形です。江戸時代には、金貨と銀貨を両替する両替商がいましたが、両替商に代金を渡して為替手形（支払いを依頼した証書）を発行してもらい、その手形を指定の両替商に持っていき、代金を受け取ることができました。このとき両替商の帳簿上でもお金の移動がされています。

また、これ以外にも　逆手形と呼ばれる手形がありました。逆手形は債務者（買い手）が債権者（売り手）に支払うための手形です。たとえば、江戸商人が大阪商人から商品を買った場合は以下のような手順で取引が行われていました。

①大阪商人は大阪の両替商に逆手形の発行を依頼
②大阪の両替商は江戸の両替商に逆手形を発送し、同時に融資を行う
③江戸の両替商は江戸の商人に逆手形を提示し、代金を取り立てる
④江戸の両替商は大阪の両替商の融資の返済にあてる

江戸時代の為替のしくみ

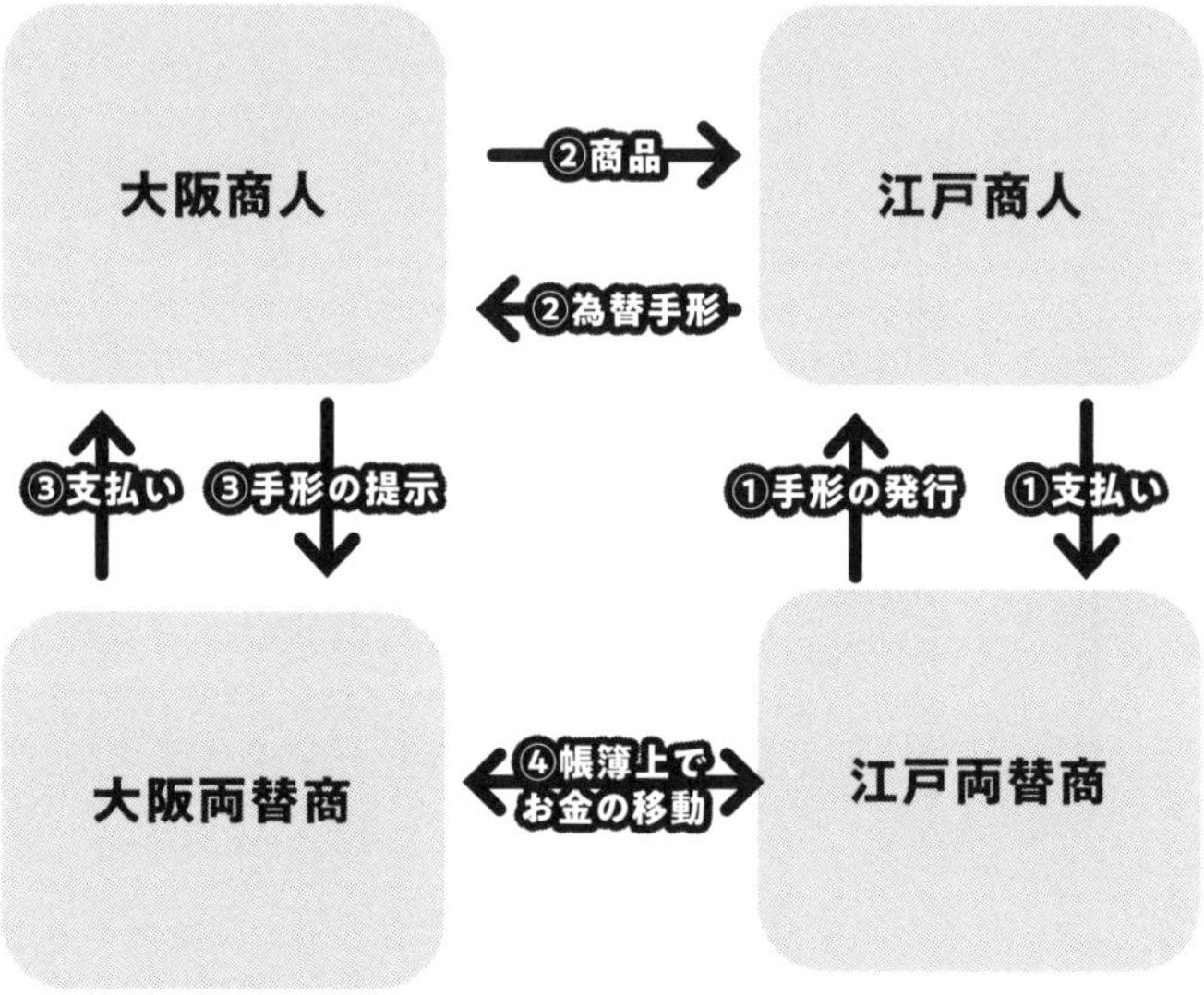
大阪商人
江戸商人
大阪両替商
江戸両替商
①手形の発行
①支払い
②商品
②為替手形
③支払い
③手形の提示
④帳簿上でお金の移動

江戸時代に為替取引の原型として大きく発達しました
こんな昔から為替取引がされていたんですね!

⑤大阪の両替商は大阪商人の預金を増加させる

このような取引が日本における為替取引の原型となりました。つまり、**為替は売買代金の受け払いや資金の移動など現金を輸送することなく行う手段といえます。**

現在の郵便為替もこれに似ており、送金額に手数料を加えて郵便局に申し込むと普通為替証書が発行されます。この証書を受取人に送り、受取人が郵便局に持っていくことで、現金を受け取ることができます。このように国内で行われる為替取引は「内国為替」と呼ばれます。

一方、国境を越えて、異なる通貨間で金銭のやり取りを行うことを「外国為替」と呼びます。商品の輸出入、外国証券や海外不動産への投資など、国際的な取引の多くは外国為替を利用して金銭の受け払いが行われます。たとえば、アメリカの不動産へ投資する場合は円ではなく、米ドルで支払う必要があります。そのため、円を米ドルに換えてから、不動産へ投資することになります。この「通貨の交換」をともなう点が、外国為替の最大の特徴といえるでしょう。

このときの円と外貨の交換比率を外国為替レートと呼びます。

Q 身近な為替取引ってなにがありますか？

A 銀行取引も為替取引の一種です。

為替取引というと国内企業と海外企業とのやりとりやＦＸなどの投資を想像する人も多いですが、先に説明したように、普段の私たちの生活でも為替取引は行われています。

インターネットが発達した現代においては、江戸時代のように為替手形を発行することはなくなりましたが、実は銀行振込や口座振替も為替取引です。

たとえば、モノやサービスを買った人は売った人に対して代金を支払う必要があります。これを「決済」といいます。決済の方法は現金を支払うことが一般的ですが、決済の額が高額になると現金の持ち運びにともなうリスクが高まり、時間や経費がかかります。そこで離れた場所から直接現金を送ることなく、銀行などを通して資金の受け渡しを行います。このとき銀行の役割はふたつの口座間で資金を送る人の口座残高を減少させ、受け取る人の口座残高を増加

銀行の振込のしくみ
全国銀行資金決済ネットワーク（全銀ネット）

A 銀行に口座を持つ S さんが
B 銀行に口座を持つ Y さんに 10 万円振り込んだ場合

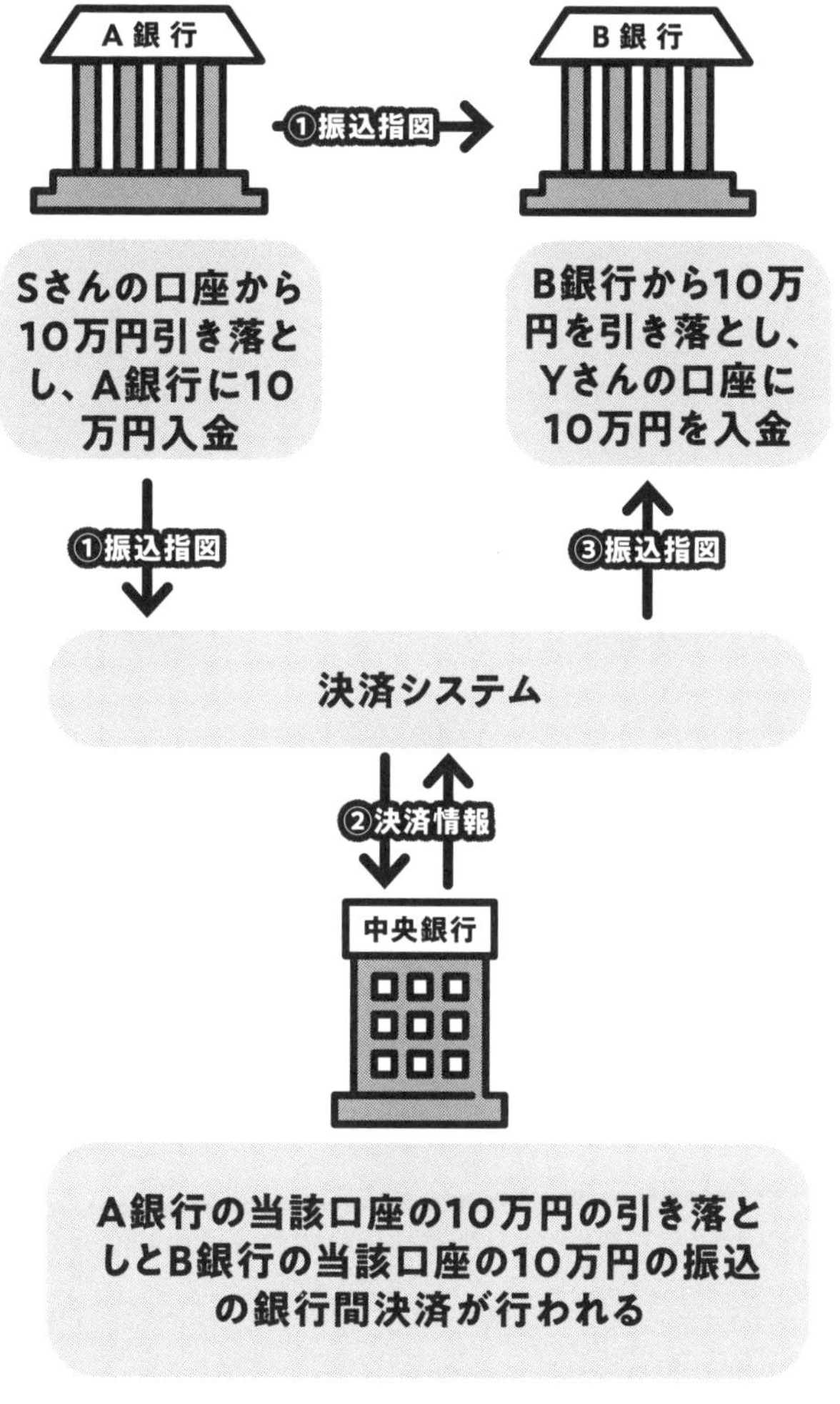

させます。これにより、実際に現金が動くことなく決済が完了します。

江戸時代のように為替手形の発行はされていないものの、**両替商の帳簿上のみで資金の移動がされているという点は銀行も変わりません。**

身近なわかりやすい例でいうと、通信販売があります。アマゾンなどで商品を注文し、クレジットカードで支払ったり、銀行から振り込んだりします。どちらも商品を送ってくれる業者にお金を直接渡していません。銀行やクレジットカード会社が顧客の口座の数字を減らし、業者の口座の数字を増やすことで決済が行われています。

ちなみに同一銀行間での振込取引だと、残高の増減は簡単ですが、異なる銀行にある口座に対して振込取引を行うためには、少し複雑になります。

なぜなら、同一銀行間の場合はその銀行内での取引なので、内部のデータのやりとりだけでお金の移動は行われません。しかし、異なる銀行間だと、支払い側の銀行から受け取り側の銀行へ現金を支払わなければなりません。これを効率的に行うために全国銀行資金決済ネットワーク（全銀ネット）が、国内における振込取引および、銀行間の資金決済を行う「決済システム」を運用しています（詳しくは19ページ図参照）。

銀行から送られてきた為替取引に関するデータは全銀ネットでリアルタイムで処理され、受取人の取引銀行に送信されます。また、銀行からの支払指図を計算したうえで、各銀行ごとに算出した受払差額を一日の業務終了後に中央銀行に対して送信します。中央銀行では、全銀システムからの送信内容に基づいて各銀行と全銀ネットとの間で日本銀行当座預金の入金または引落しを行い、これにより最終的な銀行間の為替決済が完了します。

Q

外国為替ってなんですか？

A

円と外貨を交換する行為です。

外国為替を説明する際に一番わかりやすいのは海外旅行でしょう。世界中の国々は、自国の通貨を持っています。自分の国で物を買うときには、自国の通貨を使って支払いを行います。たとえば、日本なら円、アメリカならドルを使っており、海外で買い物をするときは円で支払うことはできません。現地で買い物をするためにはその国の通貨で支払いをしなければなりません。そのためには、普段使っている円を現地の通貨と交換する必要があります。**このとき円と現地の通貨を交換する行為が外国為替になります。**

ここまでの説明を聞いて「自分は海外旅行をしないから、外国為替なんて関係ない」と思っている人も多いでしょう。しかし、外国為替は普段の生活にもいろいろな影響を及ぼしています。

たとえばガソリン価格です。日本はガソリンを海外からの輸入に頼っています。輸入する際は、ドルで支払いが行われますので、ドルと円の交換比率（為替レート）の変動に応じて金額が変わっていきます。１ドルが１００円のときと１ドルが１１０円で交換のときとでは、後者のほうが輸入価格が高くなります（詳しくは30ページ参照）。こうなると、ガソリンの価格も高くなり、普段車に乗っている人には大きな影響があるでしょう。つまり、輸入したガソリンを購入するということは、間接的ではありますが、外国為替を行っていることになります。

それ以外にも、日本は食料自給率が40％を割り込んでおり、食糧の多くを輸入に頼っているのが現状です。ガソリンと同じように、為替レートの動きが国内の値段に影響を及ぼしていきます。このように、外国為替は、私たち日本人にとって、生活に密着しており、とても身近な存在なのです。

Q 企業同士が海外取引する場合通貨は何が使われるの？

A 米ドルがメインです。

国内企業と海外企業が取引を行う際には、どの通貨で取引するのかが問題になります。日本では円が使われていますが、アメリカではドル、ドイツではユーロなど国によって使われている通貨が異なります。そのため、金銭の受け払いを行うときに決済通貨と呼ばれる通貨が決められ、輸出や輸入を行うときには自国通貨とその決済通貨の交換を行い、取引します。

決済通貨はハードカレンシーや国際通貨とも呼ばれ、外国為替市場において、他国通貨と交換可能な通貨のことです。決済通貨の条件は流通量が十分であることや、発行国の政治・経済が安定的で信用力があること、国際的な銀行で換金が可能であることなどがありますが、基準が明確ではありません。

具体的には、「米ドル」、「ユーロ」、「日本円」、「英ポンド」、「スイスフラン」などが挙げられますが、基準が明確でないため、場合によってはそれ以外の通貨が含まれることもあります。

決済通貨のなかでも国際間の貿易や金融取引の決済に使われることがもっとも多い通貨を「基軸通貨（キーカレンシー）」と呼びます。

基軸通貨としての機能を果たすには以下の条件が必要だとされています。

・軍事的に指導的立場にあること（戦争によって国家が消滅したり壊滅的打撃を受けない）
・発行国が多様な物産を産出していること（いつでも望む財と交換できること）
・通貨価値が安定していること
・高度に発達した為替市場と金融・資本市場を持つこと
・対外取引が容易なこと

現在は米ドルが基軸通貨とされています。実際、国際決済銀行（BIS）が3年ごとに発表する世界の為替取引量調査によると、国際取引や為替取引に使用される通貨は米ドルが約44・15％のシェアを占めています。次いで、約16・15％がユーロ、日本円は約8・4％です。

一方、決済通貨以外の通貨はソフトカレンシーやローカルカレンシーと呼ばれます。ソフトカレンシーは他国の通貨と交換しづらい通貨です。そのため、国際間の貿易で決済に使われることはほぼなく、発行国の国内でのみ使われることがほとんどです。

自国の通貨がソフトカレンシーの場合、他国との取引での決済をするためには、ハードカレンシーが必要になります。そのため、ソフトカレンシーの国は貿易をするために、外貨準備（詳しくは55ページ参照）と呼ばれる国際間決済が可能な通貨を用意しています。特に基軸通貨であるドルを確保することが国にとっての生命線となります。

2019年通貨別為替取引量シェア

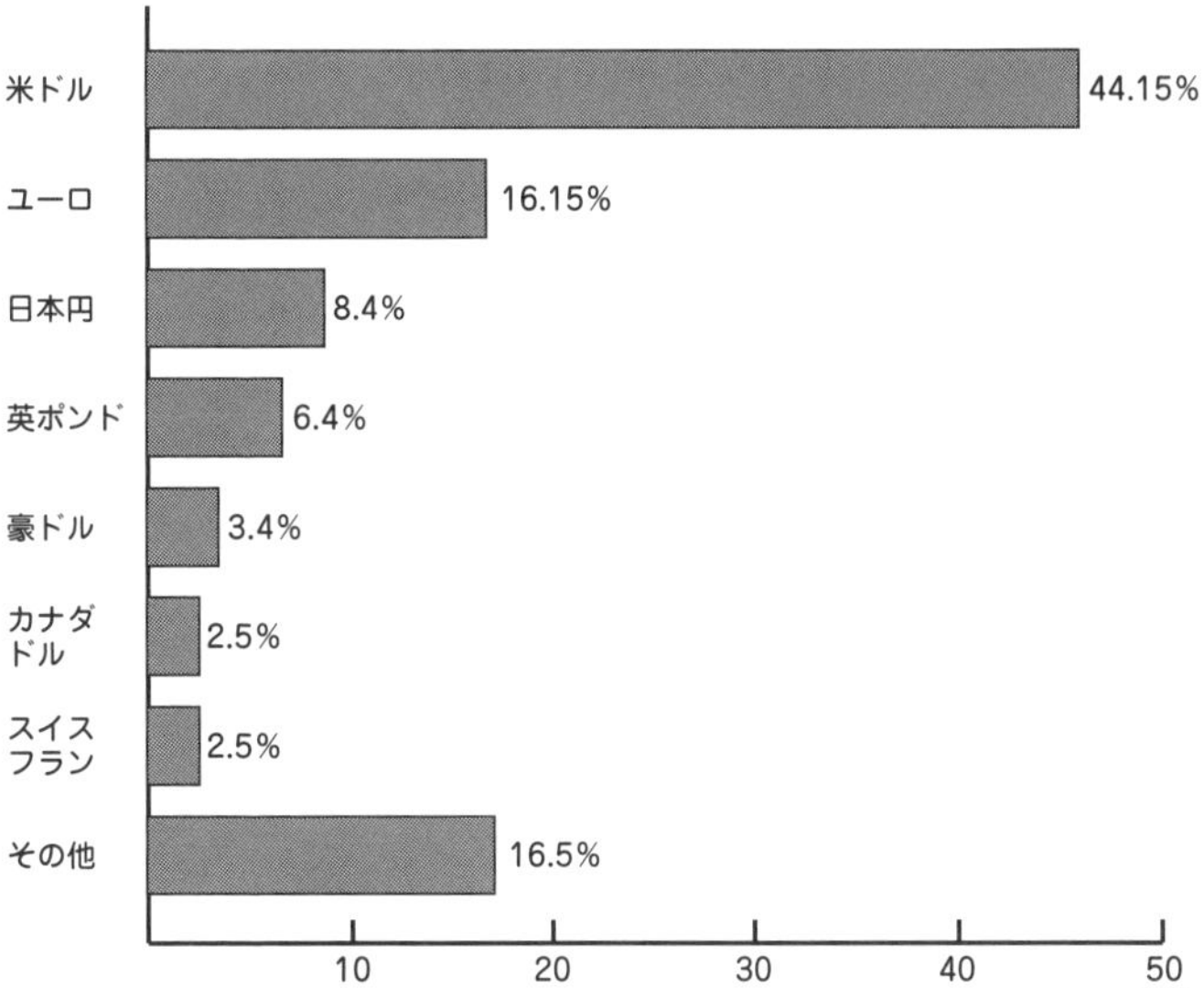

※合計200%から100%に換算して計算

出　所：「Triennial Central Bank Survey of Foreign Exchange and Over-the-counter (OTC) Derivatives Markets in 2019」より編集部作成

Q 円安と円高ってどういうこと？

A 円の価値が上がるのが円高、円の価値が下がるのが円安です。

よくニュースや新聞では、円高、円安という用語が出てきます。これがどのような状態なのかを正しく理解できていますでしょうか？

円高とは円の価値が上がることです。たとえば1ドル＝110円から1ドル＝100円になったとします。これは、ドルに対して円の価値が上がっています。これが円高です。

逆に、1ドル＝100円から1ドル＝110円に変わった場合、**円の価値が下がっているので円安と呼びます**（円の価値の変動については3章で解説）。

数字だけ見ると円高は数字が減り、円安は数字が増えているのでわかりにくく感じるかもしれませんが、少し極端にして考えるとわかりやすくなります。たとえば、1ドル＝10円と1ドル＝200円で考えてみましょう。このとき1ドルと交換するために必要なのは、前者は10円

円安と円高

円の価値からみる円安と円高

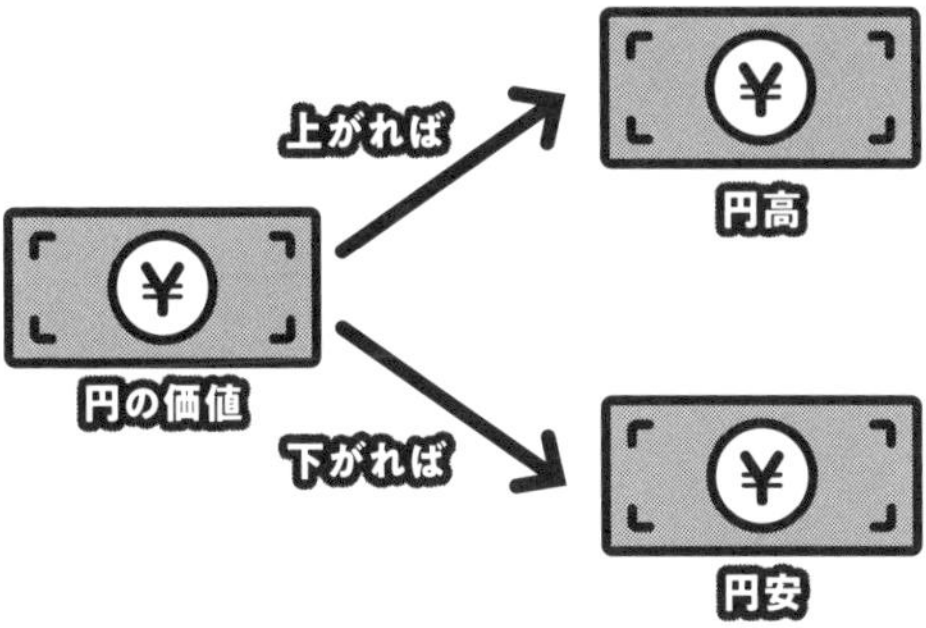

ドルを基準に見る円安と円高

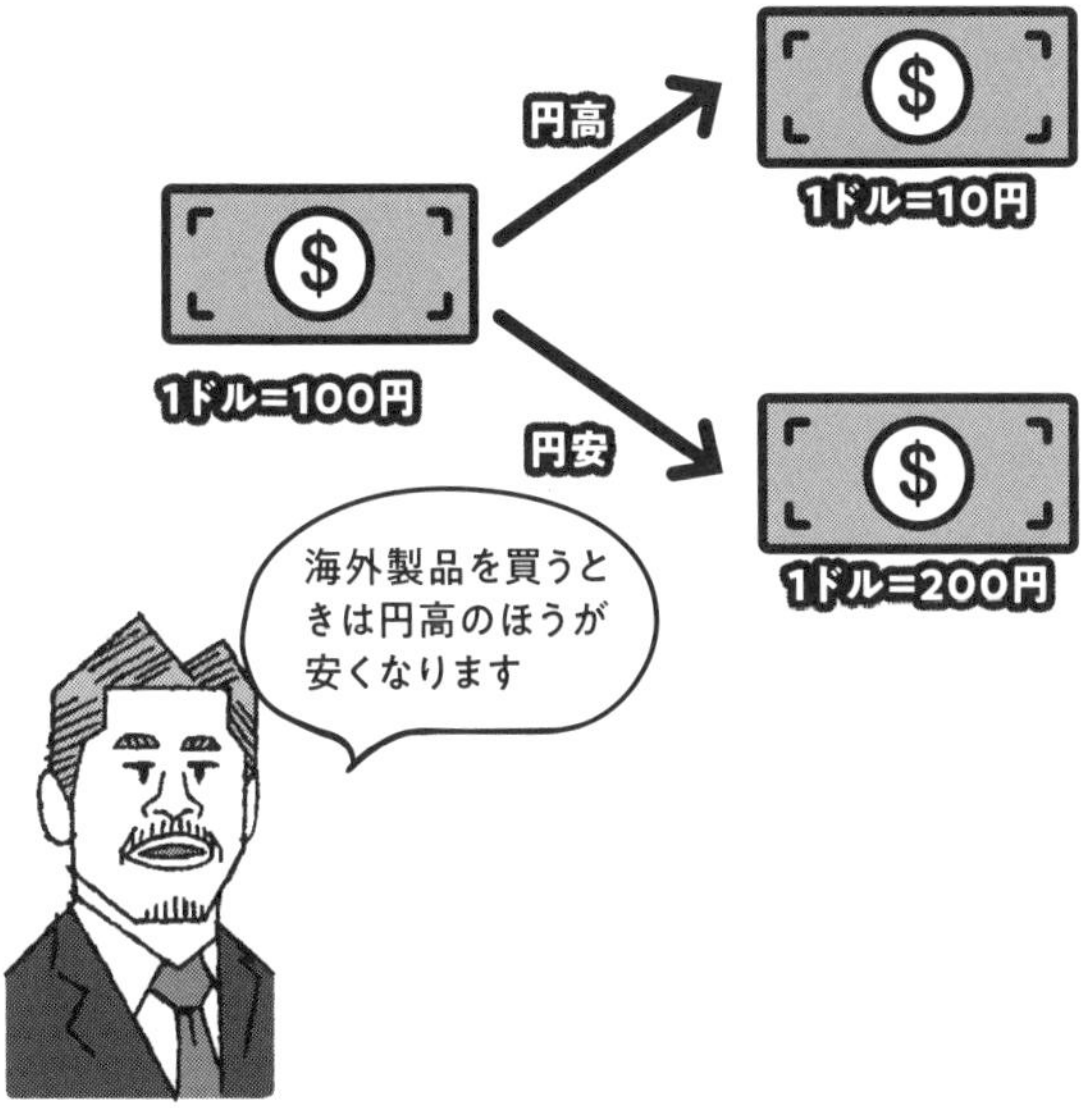

で後者は200円です。ドルから見た円の価値を考えると、1ドルで10円しか交換できないわけですから前者のほうが価値が高くなっていることがわかるでしょう。

外国製品を買うときなどは、円換算で考えると円高のほうが安く、円安になると高くなります。たとえば、100ドルの財布を買おうとすると、1ドル＝100円のときは1万円になり、1ドル＝90円のときは9000円になります。同じ100ドルでも円高のほうが安く購入できます。食料品やエネルギーを外国に頼っている日本の場合、円高のほうが、食費、光熱費、ガソリンなども安くなります。なぜなら日本の仕入れ業者は「仕入れの値段（ドル）を安く抑えることができる」からです。また、海外旅行者は「払う金額（円）は変わらず、多くの現地通貨（ドル）と交換できます」。

その反面、日本の輸出企業にとっては「海外で商品が売れた売上（ドル）で社員に給料（円）を支払うので、円高になると売上（ドル）が変わらないのに給料（円）が少なくなる」という状況になります。たとえば、1ドル＝100円のときに100万ドルの売上があった場合、日本円換算で1億円ですが、1ドル＝80円になると8000万円の売上と2000万円もの差が出てしまいます。

また、円安になると円の価値が低くなるので、ガソリンなどの輸入品の価格が値上がりしてしまいます。一方、外貨の価値が上がるので、海外からの旅行客が来やすくなり、観光地などの売上に良い影響を与えます。

実際2015年～2019年に中国人観光客が大幅に増加しました。当時は円安になっており、円安の影響で日本の商品が安く感じられたため、「爆買い」が行われたというわけです。

円安と中国人観光客の関係

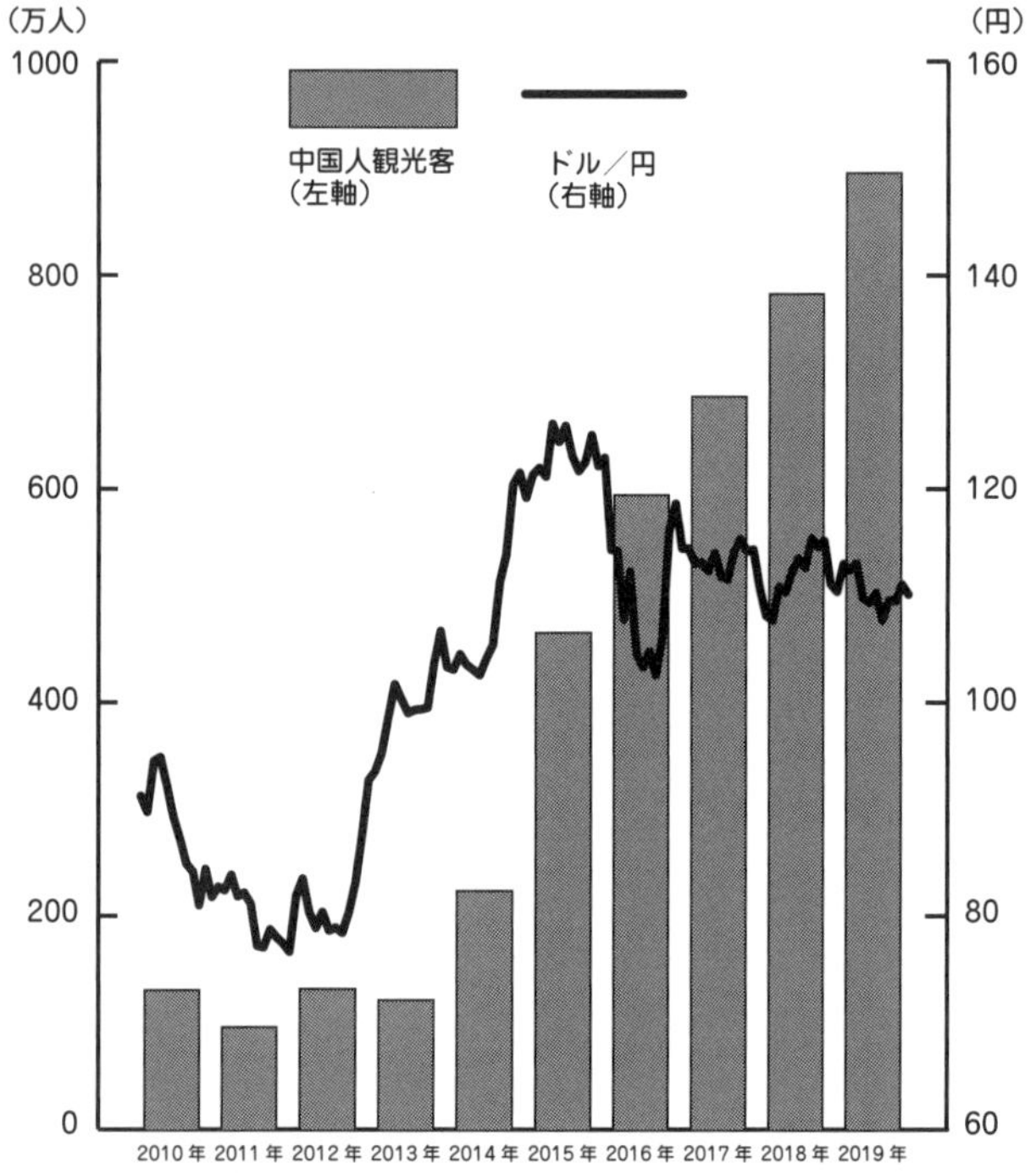

※ 2019 年は推計
出所 :JTB 総合研究所より編集部作成

Q 企業がやり取りする為替予約ってどんなもの？

A 事前に取引時の為替レートを決めることです。

輸出企業にとっては、円高になると売上高が目減りし、輸入企業にとっては円安になると輸入したものが割高になり困ります。また、輸出入するときは、契約が決まってから出荷、船積、着荷まで時間がかかるので、その間に為替相場が大きく変動してしまうリスクがあります。

たとえば、10万ドル分の輸入をしようとしているときに、契約時点で1ドル＝100円だったのに、実際に支払うときに1ドル＝120円まで円安になったとします。契約時点では1000万円だったのが、支払い時点では1200万円と200万円も値上がりしてしまいます。

このように契約時と支払い時で為替レートが大きく変動することもあるので、大きなリスクがあるといえるでしょう。

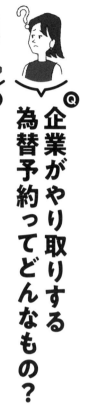

一見企業同士のやり取りなので私たちの生活には関係ないと思う人もいるかもしれませんが、輸入したものを私たちが購入するときの価格にこの為替変動の影響が関わってきます。企業も利益が出せるように商品の値付けをするので、輸入コストが高くなればそれだけ商品が高くなります。

このリスクを回避するために「為替予約」というものがあります。これは、**決済日より前にドルなどの受け渡し日に使う為替レートを銀行と約束することです。**予約といっていますが、実際には両替する金額・期間を銀行と契約します。

受け渡し日の為替レートは予想できませんが、銀行は為替予約をする日のレートを元に、その通貨の実行日までの利息を計算して決めます。

予約をした時点で取引の採算が確定できるというメリットがありますが、取引するときに自分にとって有利なレートに変わっていても、あらかじめ決めたレートで取引しなくてはなりません。

為替の変動によるリスクとリターンをともに解消するための取引といえます。

為替予約のしくみ

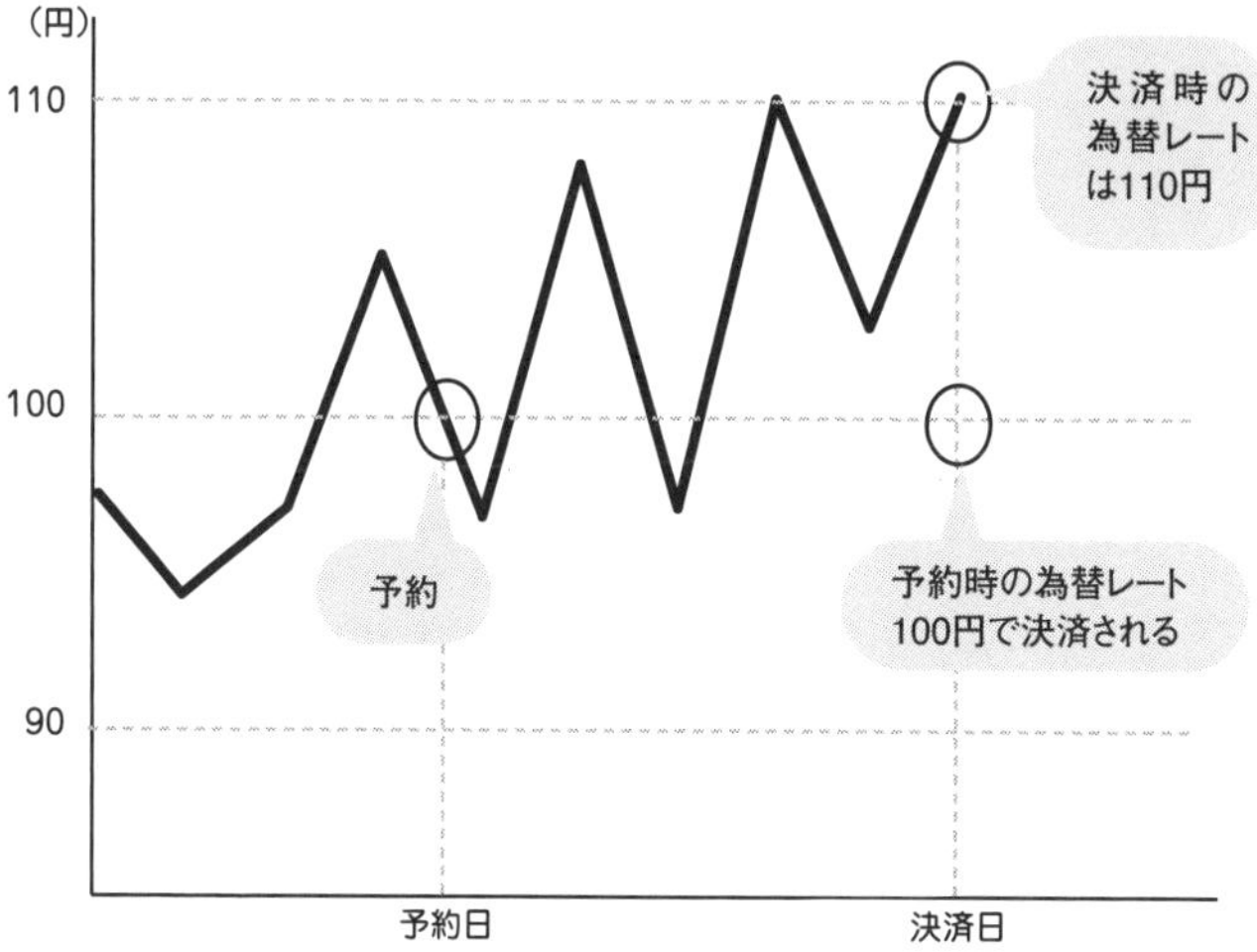

あらかじめ為替レートを決めることで、輸入コストが大きく変動することを避けます。

Q 外貨を持つことの意味ってなんですか？

A 極端に円の価値が変動したときの保険になります。

日本人だと円だけ持っていればいいと考えてしまいがちですが、リスクを抑えるという視点で考えると外貨を持つことは大事です。

たとえば、日本円で１００万円持っていたとします。円安が極端に進行し１ドル＝１００円から１ドル＝２００円になったとします。つまり、海外の商品を輸入するときに必要な金額が２倍になってしまうことになります。

私たちが生活していくうえで海外の商品は大量に消費されています。日本産の物でも材料が海外の物であれば、為替レートの変動は価格に影響してきます。

つまり、１００万円を持っていたとしても、１ドル＝１００円のときと円安によって１ドル＝２００円になったときを考えると、円安になった場合の実質的な価格は２分の１になってし

まうわけです。

そこで、1ドル＝100円のときに50万円分をドルで持っていたとします。円の価値が下がったとしても、ドルの価値が変わらなければ50万円分の価値は変わりません。逆に1ドル＝200円になった場合は円換算すると100万円の価値になります。つまり、半分の50万円分のドルだけで、100万円の価値になり、円だけを持っているときよりもリスクを抑えることができるというわけです。

しかし、リスクを抑えるためだからといって全資産をドルにしようと考えるのは間違いです。急激な円高になった場合は、ドルの価値が下がってしまうため、ドルを持っていると資産が目減りしてしまいます。

円高になっても円安になっても対応できるように、**バランスを考えて円とドルを持つことが大事なのです。**

外貨を持つ方法は外貨預金や外貨建て資産などがあります。外貨預金とはその名のとおり、外貨で預金するサービスです。銀行などで取り扱っており、ドルやユーロ、ポンドなどの外貨で預金ができます。

外貨建て資産は、ドルなどで運用される資産です。たとえば、30ページで紹介したように海外のものを購入するときにはその国の通貨が必要です。これは、株や投資信託などの資産も同様で、海外株を買うためにはその国の通貨で運用することになります。また、投資信託でも「外貨建て」といった名前がついている商品は、投資家が支払うお金は円ですが、内部ではドルで運用されており、実質的に外貨での運用になります。

そのほかにも、身近なものでは保険にも外貨建ての商品があります。これも投資信託と同様に保険加入者は円で支払い（商品によってはドルで支払う場合もある）、保険会社が外貨で運用を行います。

外貨を持つ意味

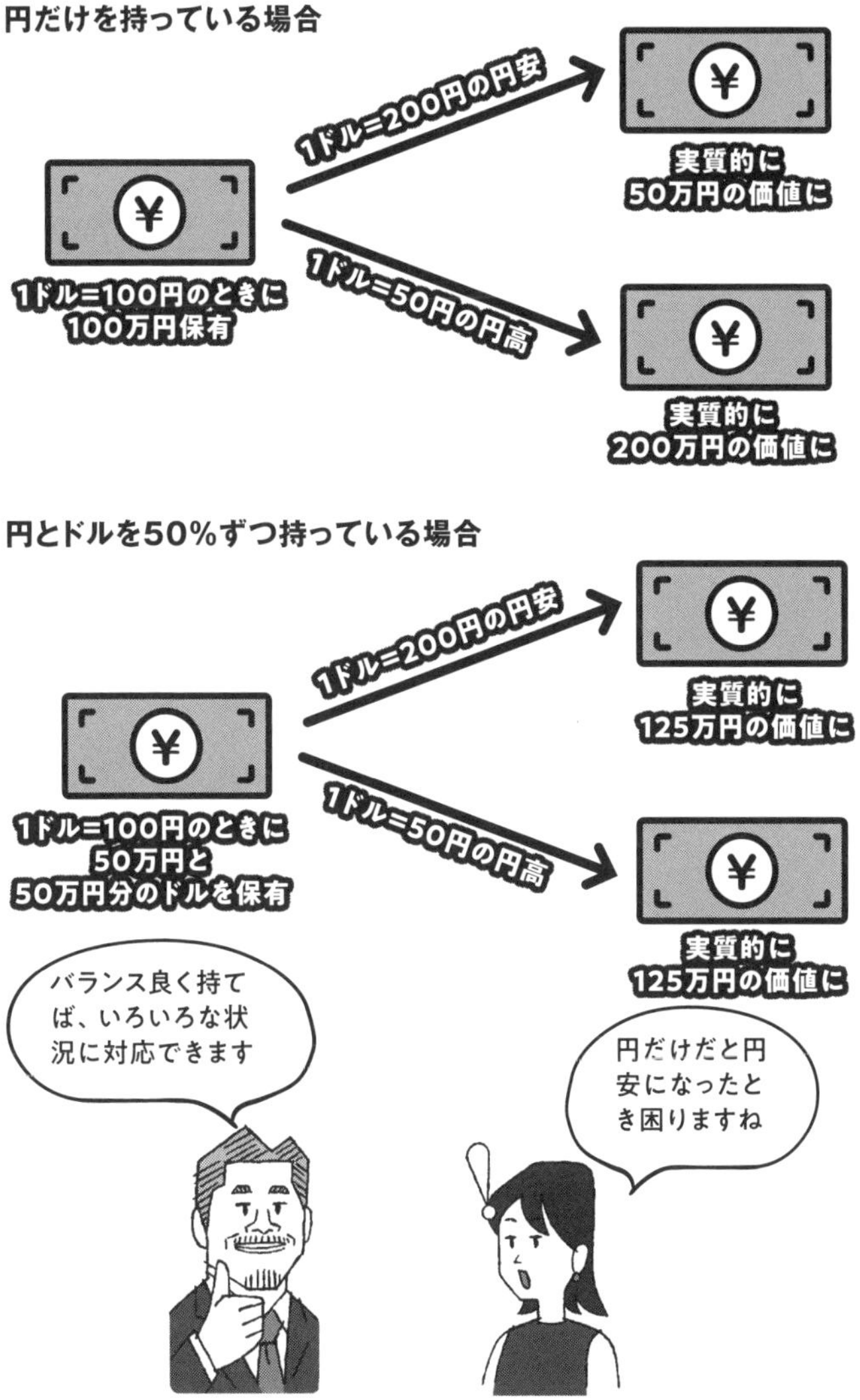

円だけを持っている場合
1ドル=100円のときに
100万円保有
1ドル=200円の円安
実質的に
50万円の価値に
1ドル=50円の円高
実質的に
200万円の価値に
円とドルを50%ずつ持っている場合
1ドル=100円のときに
50万円と
50万円分のドルを保有
1ドル=200円の円安
実質的に
125万円の価値に
1ドル=50円の円高
実質的に
125万円の価値に
バランス良く持てば、いろいろな状況に対応できます
円だけだと円安になったとき困りますね

第2章

為替取引のしくみを教えてください

外国為替取引は通貨と通貨を交換する取引です。その交換を行う市場であるインターバンク市場や対顧客市場のしくみ、そこに参加しているプレーヤーらがどのように動いて取引が行われているのかなど、その概要から説明していきます。

通貨と通貨を交換するだけじゃないんですか？
為替レートの決まり方など気になりませんか？

為替のしくみってどうなっているの？

為替って思ったより生活のなかでも重要な位置にいるんだなってわかってきました！

為替の重要性がわかってきたところで、次は、外国為替取引のしくみについて学んでいきましょう。

外国為替取引のしくみですか……？　為替取引ってドルと円を交換するだけのように見えるのですが、複雑なんですか？

まあ、通貨と通貨を交換するだけといえばそうなんですが、実はいろいろな動きがあったりしますよ。たとえば、いつどこで為替取引が行われているのかや、どんな参加者がいるのかなど気になりませんか？

さっきの話ですと企業とか個人だったと思いますが、ほかにもいるんですか？

そうですよ。為替取引って意外と知られていないことって多いんですよ。小林さんも気になってることとかありませんか？

あっ、銀行とかで海外の通貨と交換するときって頻繁に為替レートが変動しないのに、ＦＸだと常に為替レートが変わっているのはなんでだろう？って思ってました。

いいところに目を付けましたね。実は、銀行などで通貨を交換するのとＦＸでは、レートを出すしくみが違うんですよ。

え、為替レートってどこも一緒じゃないんですか？

実は違うんですよ。それだけでなく、銀行同士の為替レートや輸出入を行う企業の為替レートも違いますよ。為替取引のしくみを知り、為替についての理解を深めていきましょう。

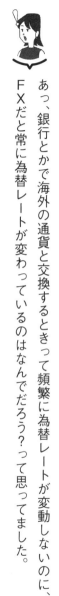

Q 為替はいつどこで取引されるの？

A 24時間世界中で取引されています。

「為替取引」は世界中の「外国為替市場」で24時間取引が行われています。

市場というと、株式の市場である「東京証券取引所」のような特定の場所や建物があって、そこで大勢の市場参加者が集まって売買しているというイメージがあるかもしれませんが、**外国為替市場には物理的な取引所はありません。**昔なら電話、現在ではインターネットを通じて市場の参加者同士が結ばれており、パソコンなどのモニターに映し出される各通貨の取引条件をチェックしながら、通貨の売買が行われています。

これは為替取引の性質によるものです。為替取引は株式のような取引所で集中的に売買が行われる「取引所取引」とは異なり、**売り手と買い手が直接取引を行う「相対《あいたい》取引（店頭取引）」**だからです。つまり、取引相手さえ見つかれば原則としていつでも取引ができます。

おもな外国為替市場の取引高シェア（2019）

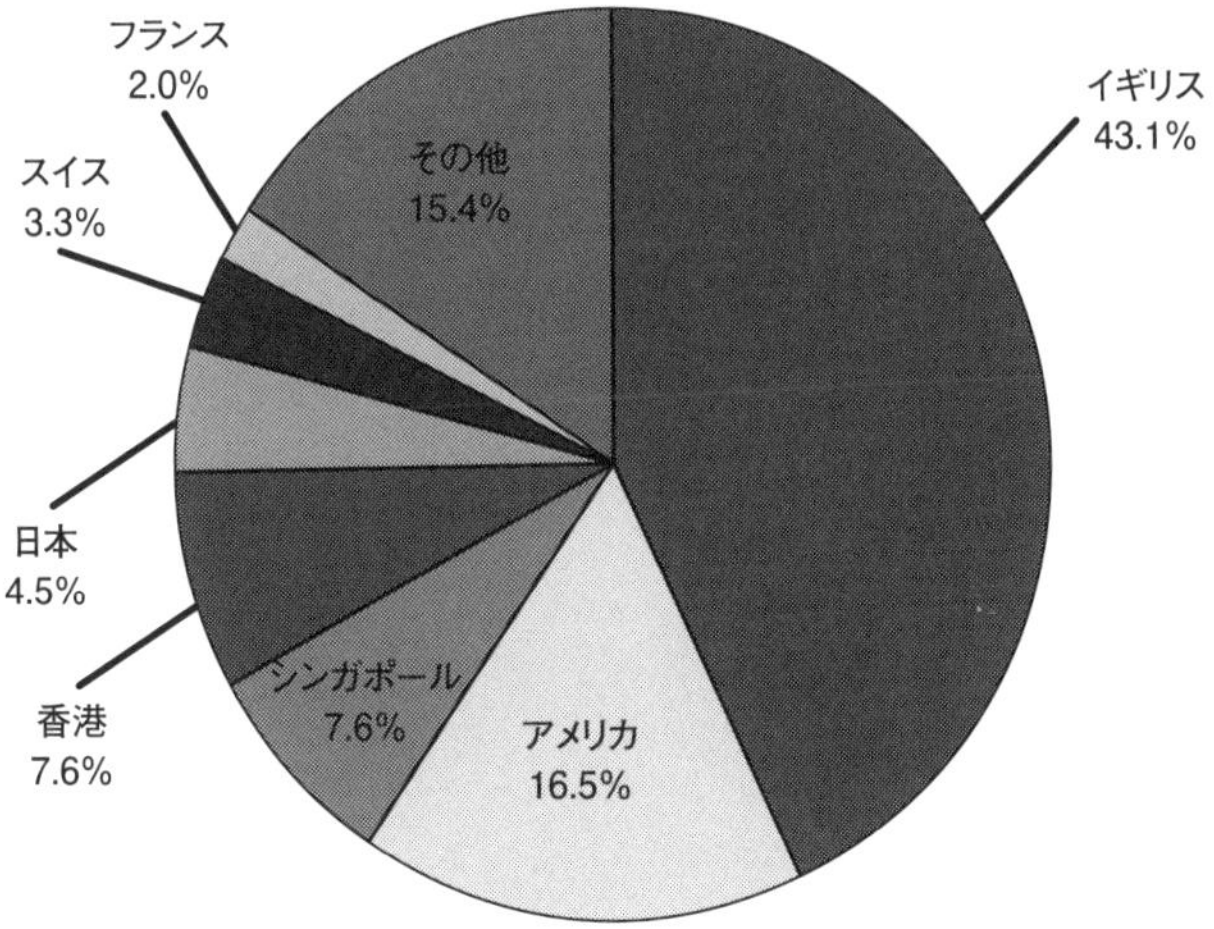

出　所：「Triennial Central Bank Survey of Foreign Exchange and Over-the-counter (OTC) Derivatives Markets in 2019」より編集部作成

取引高とは、取引が行われている通貨の量のことです。イギリスがもっとも多く、アメリカ、シンガポールと続いていきます。アメリカは貿易の際、自国通貨で取引を行うため、取引高が少ないといわれています。

ニュースなどでは「東京外国為替市場」や、「ニューヨーク外国為替市場」などと呼ばれていますが、これはその時間帯に為替取引が活発に行われている都市を指しているだけで、為替取引自体は世界中のあらゆる場所で行われています。

また、よく「〇〇外国為替市場が開く時間」といった言い方をしますが、厳密には明確な取引時間帯が決まっているわけではありません。1日のうち一番早く動き出すのが日付変更線にもっとも近いニュージーランドで、次いでオーストラリア、日本、香港、シンガポールなどのように取引が活発な場所に名称が変わっているだけにすぎません。

Q 外国為替市場にはどんな参加者がいるの？

A 銀行やその顧客、ブローカーなどが参加しています。

外国為替市場で取引している参加者は大きくわけて以下の４者です。

・中央銀行
・銀行
・銀行の顧客
・為替ブローカー

中央銀行とは通貨を発行する機関で、各国の金融機関の中心となっています。日本の中央銀行は、日本銀行（日銀）です。

中央銀行が為替取引を行うのはいわゆる「為替介入」をするときです。為替相場が急激に変動すると経済に大きな影響を与えてしまうので、それを抑えるために資金を投入して為替相場を安定させようとします。中央銀行が為替取引を行うことによる影響は大きいものの、頻繁に中央銀行が取引することはありません。

銀行はもっとも為替取引量が多い参加者です。主な取引内容は為替変動による為替差益を狙った取引（詳しくは145ページ参照）や顧客との為替取引を行った際の反対売買（詳しくは54ページ参照）、顧客の為替取引の仲介の3つです。

銀行が為替取引をする場合は、銀行が決めた為替レートを相手に提示して取引を行います。

銀行の顧客は対顧客市場で取引する機関投資家、企業、個人投資家、一般の消費者です（詳しくは51ページ参照）。

機関投資家は保険会社や年金機構、投資信託運用会社、信託銀行、ヘッジファンドなどがあります。それぞれ海外商品に投資をするために円を外貨に換える必要があります。

企業は貿易取引や資本取引をする際に必要に応じて円を外貨に換えます。

個人投資家はＦＸ以外にも、機関投資家のように海外商品に投資するために外貨と交換する必要もあります。

一般の消費者は海外旅行などで外貨が必要なときに交換をします。

為替ブローカーは、為替取引を仲介する業者のことです。電子取引が普及していなかった時代は取引相手を見つけることが難しかったため、為替ブローカーを仲介して取引相手を探していました。しかし、現在は電子取引がメインになり、直接取引相手を探す必要がなくなったため、為替ブローカーの需要は少なくなってきましたが、現在でも世界中の銀行を相手に仲介を行う為替ブローカーもいます。

これら参加者が為替市場においてどれくらいの力をもち、どんな影響を与えるかは5章で解説しますので、ご参考にしてください。

外国為替市場の主な参加者の種類

参加者		目的
中央銀行		為替介入を行い 為替相場を安定させる
銀行		①為替差益を得る ②顧客との為替取引を行った際に反対売買をする ③顧客の為替取引の仲介
銀行の顧客	機関投資家	海外投資を行う際の為替取引
	企業	貿易取引や資本取引など
	個人投資家	FXや海外取引の際の為替取引
	一般の消費者	海外旅行などで必要な外貨両替
為替ブローカー		銀行同士の為替取引の仲介

このなかでも取引量が多いのは銀行です
取引量はどの参加者が多いんですか?

Q 一般の人も外国為替市場に参加しているの？

A 一般の人は対顧客市場で取引を行っています。

外国為替市場は参加者によって取引市場が異なります。**銀行や証券会社などの金融機関、為替ブローカーなどが取引している外国為替市場のことを「インターバンク市場」**といいます。インターバンク市場とは、いわば為替のプロフェッショナル同士が取引する市場です。通常、為替相場と言った場合はこの市場を指します。ニュースなどで為替レートを報じる場合もインターバンク市場のレートが採用されています。

インターバンク市場で取引される売買単位は、100万通貨単位を最低単位としています。つまり、ドルで取引する場合は1単位が100万ドル、円で取引する場合は1単位が100万円になります。1日の総取引金額は1兆5千億ドルから2兆ドルあり、ここで取引されるレートは「インターバンクレート」と呼ばれ、24時間変動しています。

インターバンク市場と対顧客市場

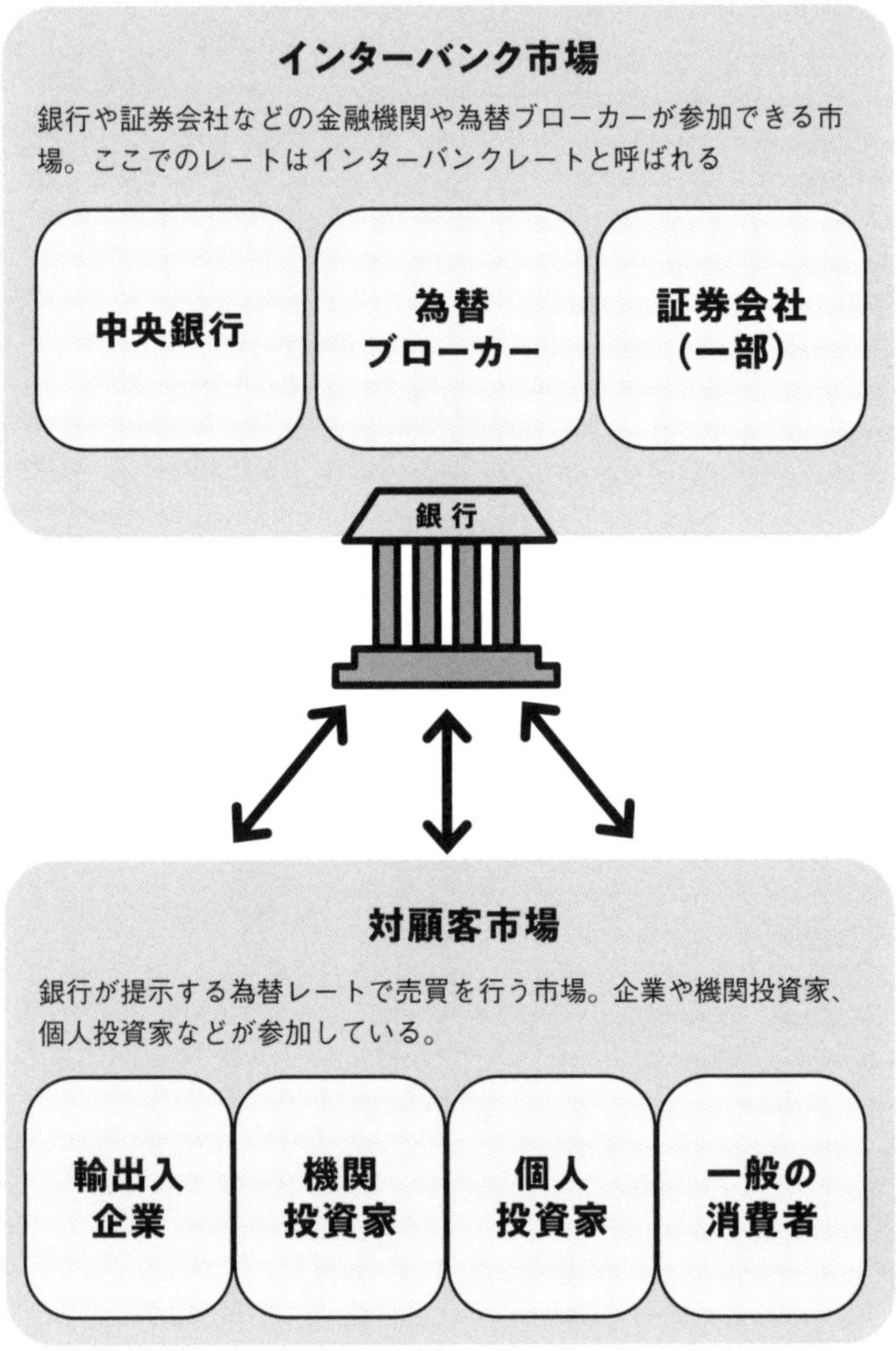
インターバンク市場
銀行や証券会社などの金融機関や為替ブローカーが参加できる市場。ここでのレートはインターバンクレートと呼ばれる
中央銀行
為替ブローカー
証券会社（一部）
銀行
対顧客市場
銀行が提示する為替レートで売買を行う市場。企業や機関投資家、個人投資家などが参加している。
輸出入企業
機関投資家
個人投資家
一般の消費者

個人や事業法人なども外国為替取引を行っていますが、こちらは対顧客市場と呼ばれる市場で行われます。個人が外貨預金をしたり、海外旅行のために銀行で通貨の両替などを行ったり、企業が海外企業と取引する際は、銀行を通してこの市場が使われます。対顧客市場では、各銀行がインターバンク市場の為替レートに後述する手数料を上乗せして算出しています。手数料は銀行にとっての利益です。

インターバンク市場が通貨の卸売市場だとすると、個人や事業法人が通貨の交換を行うのは、いわば小売市場だと考えるとわかりやすいかもしれません。

対顧客市場の為替レートは企業向けか個人向けかでも異なります。

企業向けの為替レートは、インターバンク市場の為替レートにあらかじめ銀行と企業とで取り決めた手数料を加算した相場になります。企業ごとに手数料は異なり、企業の規模が大きく取引量が多いほど手数料は安くなる傾向があります。これは、魚や野菜でも卸売価格が安いのと同じようなものです。

個人向けの為替レートはインターバンク市場の為替レートを基準にして銀行が手数料を乗せて決まります。このときのインターバンク市場の為替レートを仲値と呼びます。

手数料は外貨の種類によって異なり、たとえば、銀行口座に預けている円をドルと交換する

FX（外国為替証拠金取引）のしくみ

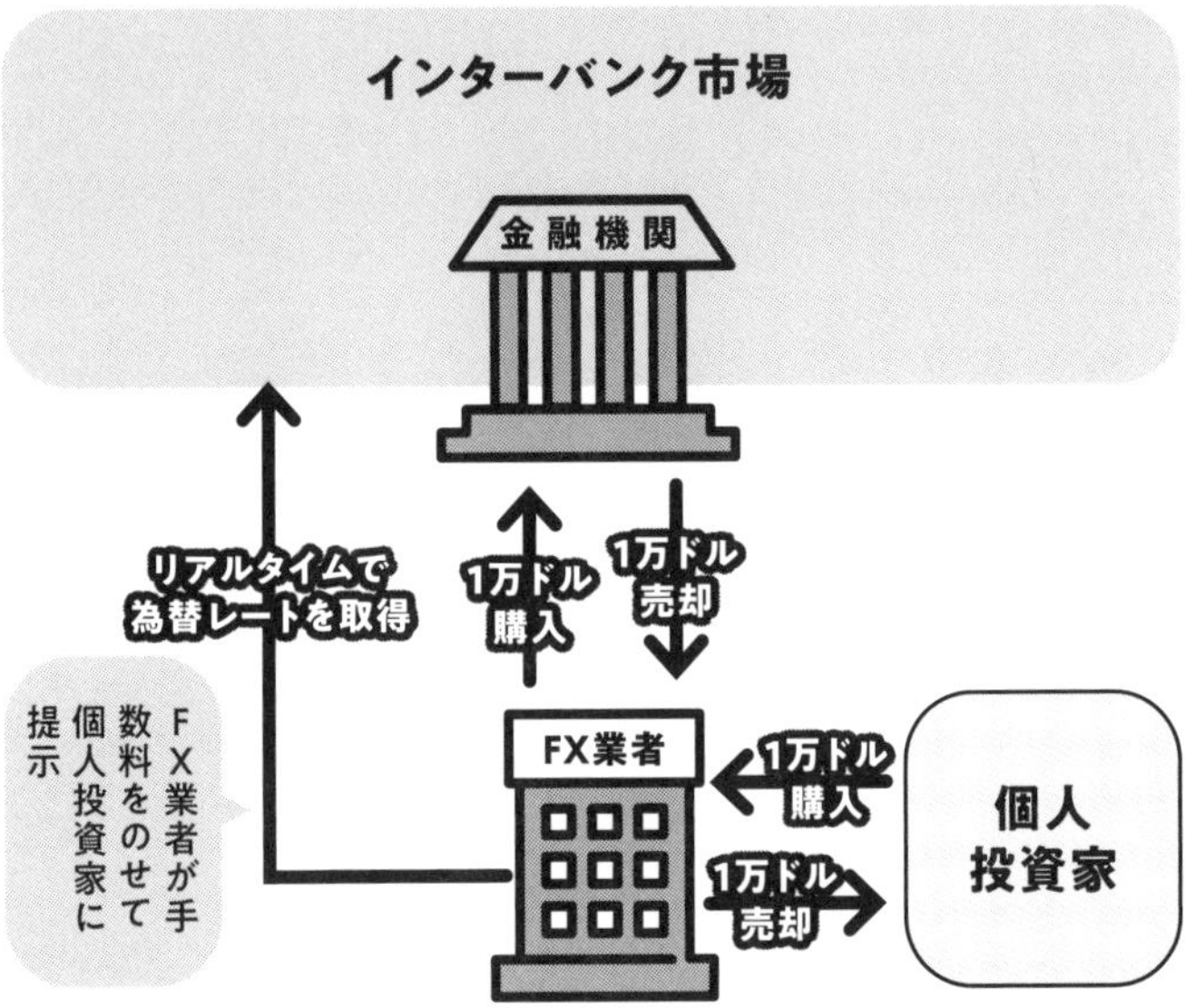
インターバンク市場
金融機関
1万ドル購入
1万ドル売却
リアルタイムで為替レートを取得
FX業者が手数料をのせて個人投資家に提示
FX業者
1万ドル購入
1万ドル売却
個人投資家

FXではなんで常にレートが変動しているんですか?
FX業者がインターバンク市場からレートを取得しているんです

場合は1ドルあたり1円、現金をドルと交換する場合は1ドルあたり3円程度の手数料が発生するのが一般的です。

一方、一定の証拠金（保証金）を業者に預託し、通貨を売買して為替変動による差額を利益として得るFXでは、常に変動しているレートに対して投資しているので、インターバンク市場で取引しているのかと思いがちですが、前述したように個人は対顧客市場で取引を行うことがルールです。

なぜ常に変動しているレートで取引できるのかというと、FX業者がインターバンク市場で取引されているレートに近いレートをリアルタイムで取引できるようなしくみを作っているからです。FX業者とは金融商品取引法に基づく登録を受け、為替取引の仲介が許されている業者のことです。

FXは投資家とFX業者による相対取引です。たとえば、投資家が1万ドルを買った場合、FX業者は投資家に対して1万ドルを売ることになります。その1万ドルを調達するために、FX業者はインターバンク市場で1万ドルを買います。投資家が1万ドルを売った場合は、FX業者は1万ドルを買い、インターバンク市場で1万ドルを売ることで取引が成立します。このように、投資家との取引の反対売買をして、残高を調整することをカバー取引と言います。

カバー取引は、相対取引において、売買の引き受け手（ＦＸ業者）がリスク回避のために行う取引です。

51ページで紹介したようにインターバンク市場では、1単位が100万ドルなので、ＦＸ業者は実際には複数の投資家の注文をまとめてインターバンク市場で売買することで、取引を行っています。近年では、1000通貨単位で売買できるＦＸ業者が増えてきましたが、過去には、1万通貨単位を最低単位にしていたＦＸ業者が多かったのには、インターバンク市場で取引するための注文数を確保するという理由もありました。

Q 外国為替取引の中心はなぜドルなの？

A 世界的に信用力が高く、基軸通貨として認められているからです。

基軸通貨である米ドルは外国為替取引の中心となっています。アメリカの政治力や経済力、軍事力に裏付けされた信頼性から国際的に認められているからです。

基軸通貨であるドルは世界各国の外貨準備においても圧倒的な割合を占めています。外貨準備とは、急激な為替変動を抑制する為替介入や他国に対する外貨建債務（外貨で返済する必要がある債務）の返済など、対外支払いに充てるために、各国の中央銀行などの金融当局が保有している外貨や金などの資産のことです。いざというときに使うものなので、信頼性や安全性が高く、世界中でいつでも使える資産である必要があります。

もしドルではなく、韓国ウォンやベトナムのドンのようなソフトカレンシーの場合は、海外との取引には使えません。為替介入や外貨建債務の返済が必要なときになっても、ほかの国の

世界の外貨準備の構成通貨

2020年第4四半期　世界の外貨準備の構成通貨

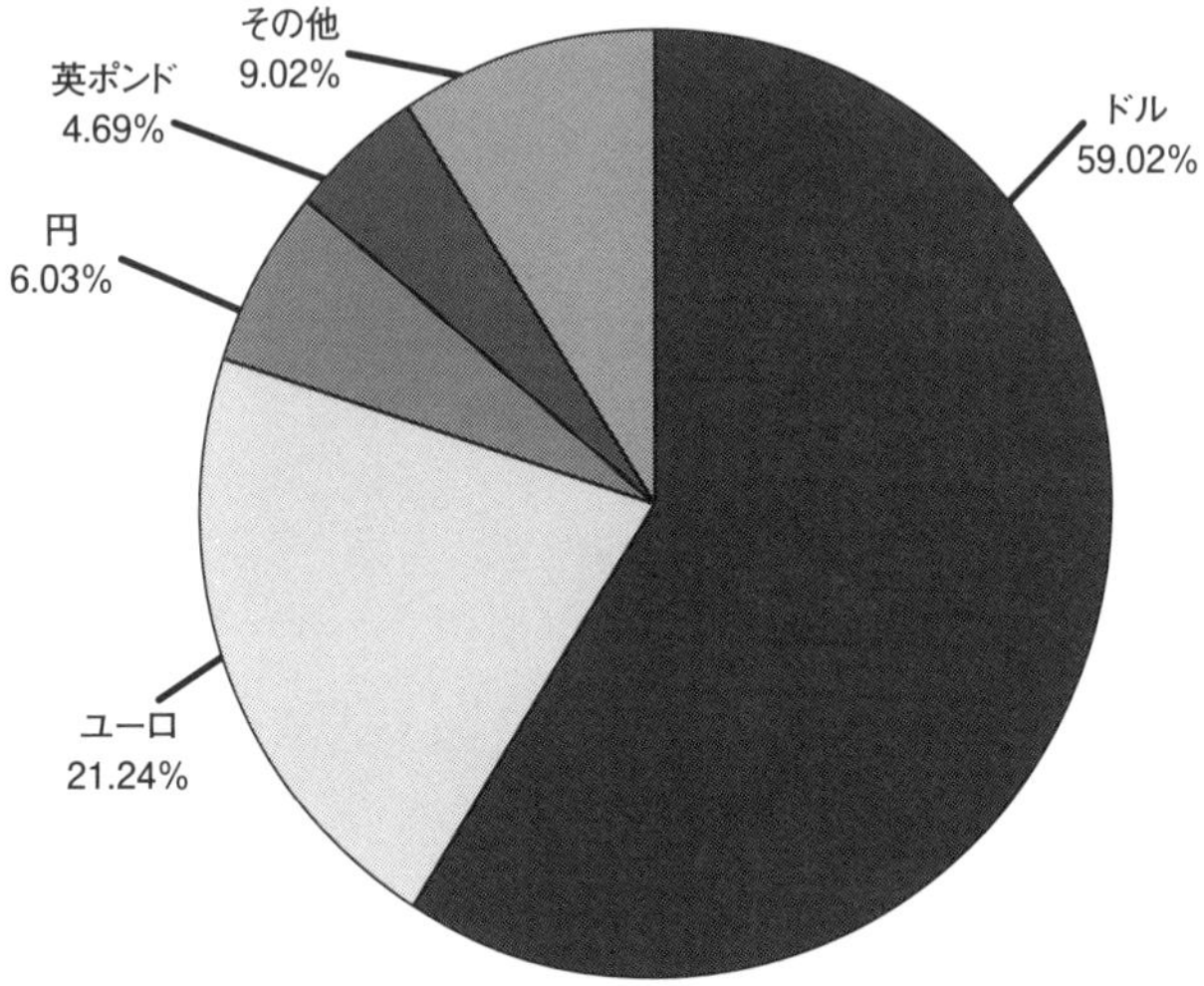

出所：「Currency Composition of Official Foreign Exchange Reserves」より編集部作成

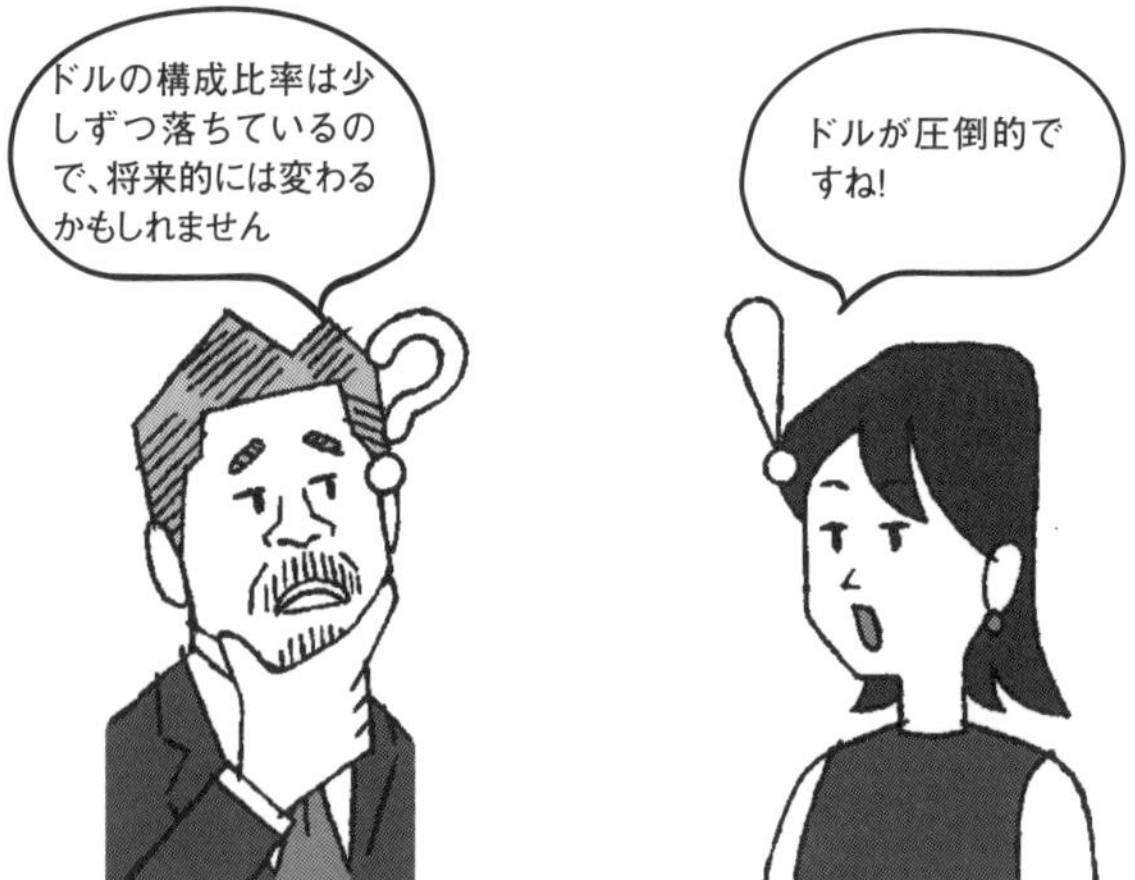

通貨と交換ができないため、何もすることができません。

国際金融と為替相場の安定化を目的とする国際機関「国際通貨基金（IMF）」によると2020年第4四半期の世界の外貨準備に占めるドルの比率は59％と約6割を占めています。ここからも国際的に米ドルが信用されていることがわかるでしょう。

また、外国為替取引において米ドルが使われているのは、信頼性や安全性以外にも流動性が高いことによる使い勝手の良さもあります。

アメリカは世界最大の消費国であり、全世界から大量のモノやサービスを購入しています。アメリカの貿易収支は一貫して赤字が続いていますが、これは裏を返せば膨大な輸入代金を世界に支払っていることになります。アメリカはこの圧倒的な購買力を活かして支払いに米ドルを指定しているのです。代金を受け取った輸出国はドルを自国通貨に換える必要があるため、為替市場ではドルが活発に取引されています。

その結果27ページで紹介したように、米ドルの外国為替市場における取引割合は約44％を占めています。次いでユーロが約16％、円が約8％なので、ドル以外の通貨は流動性が低いといえます。こうなると、ドル以外の通貨と決済する場合でも、いったんドルを経由したほうが結果的に効率よく取引ができるため、ドルの取引割合がさらに高くなっています。

また、アメリカは投資先としても人気があり、諸外国はドルを買ってアメリカ市場に投融資をしています。国連貿易開発会議（UNCTAD）の報告によると、アメリカへの対外直接投資（詳しくは61ページ参照）は2019年は2510億ドルと世界トップです。2020年はコロナウイルスの影響で半減してしまい1340億ドルでしたが、それでも中国に次いで世界2位の規模です。

アメリカは貿易により、世界中にドルを流通させながら、投融資を通じてドルがアメリカに戻る循環を作ることで、ドルの信頼性と価値を維持することに成功しています。

Q 企業が海外進出するときは為替取引はどのように行われるの？

A オフィス取得などに必要な資金を得るために為替取引を行います。

外国為替が関係する投資は外貨を買ったり、海外の株や債券を買ったりするだけではありません。日本の企業が海外へ進出する場合も外国為替による通貨の交換が行われます。

たとえば、日本の企業が海外に進出する場合、資本金や工場やオフィスの取得、現地の労働者の雇用などの資金が必要になります。アメリカへの進出だと、これらの資金はドルで用意する必要があるため、日本の企業は円でドルを買うという為替取引を行います。このように外国に直接投資をすることを「対外直接投資（海外直接投資）」と呼びます。

逆にアメリカの企業が日本に進出するときに行われる為替取引は「対内直接投資」と呼びます。財務省の「対外・対内直接投資の推移」によると２０２０年の日本の対外直接投資は61兆７６７６億円、対内直接投資は37兆１７０８億円と、対外直接投資は対内直接投資の約１・

日本の対外・対内直接投資の推移

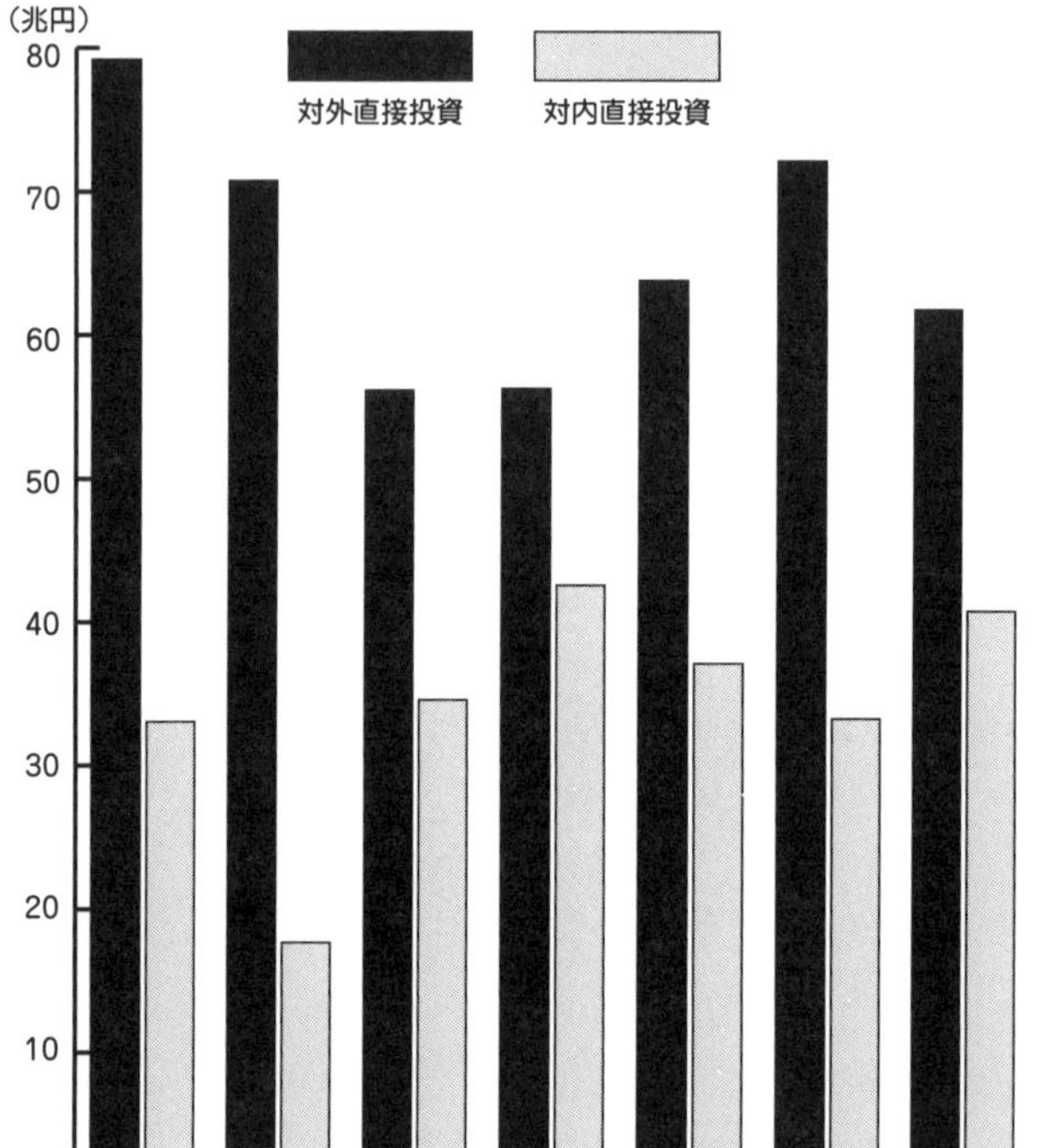

出所：財務省「対外・対内直接投資の推移」より編集部作成

8倍程度になっています。つまり、海外から日本に投資される金額よりも、日本から海外へ投資している金額のほうが多いということになります。

また、株式や債券など金融資産に投資することは「対外間接投資」と呼びます。こちらは海外の株式や債券を買うために必要な外貨を得るために為替取引が行われます。

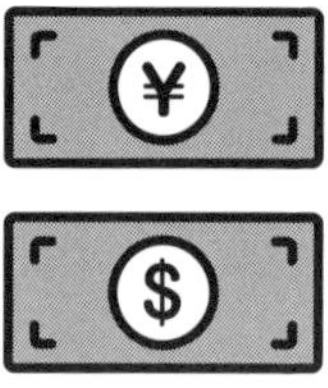

第3章

為替のレートが動く理由ってなに?

為替のレートはそれぞれの通貨の需要と供給によって変わります。需要と供給は景気動向や金利、物価などで変動し、為替レートに反映されていきます。通貨の需要と供給がどのような理由で変動するのかを説明していきましょう。

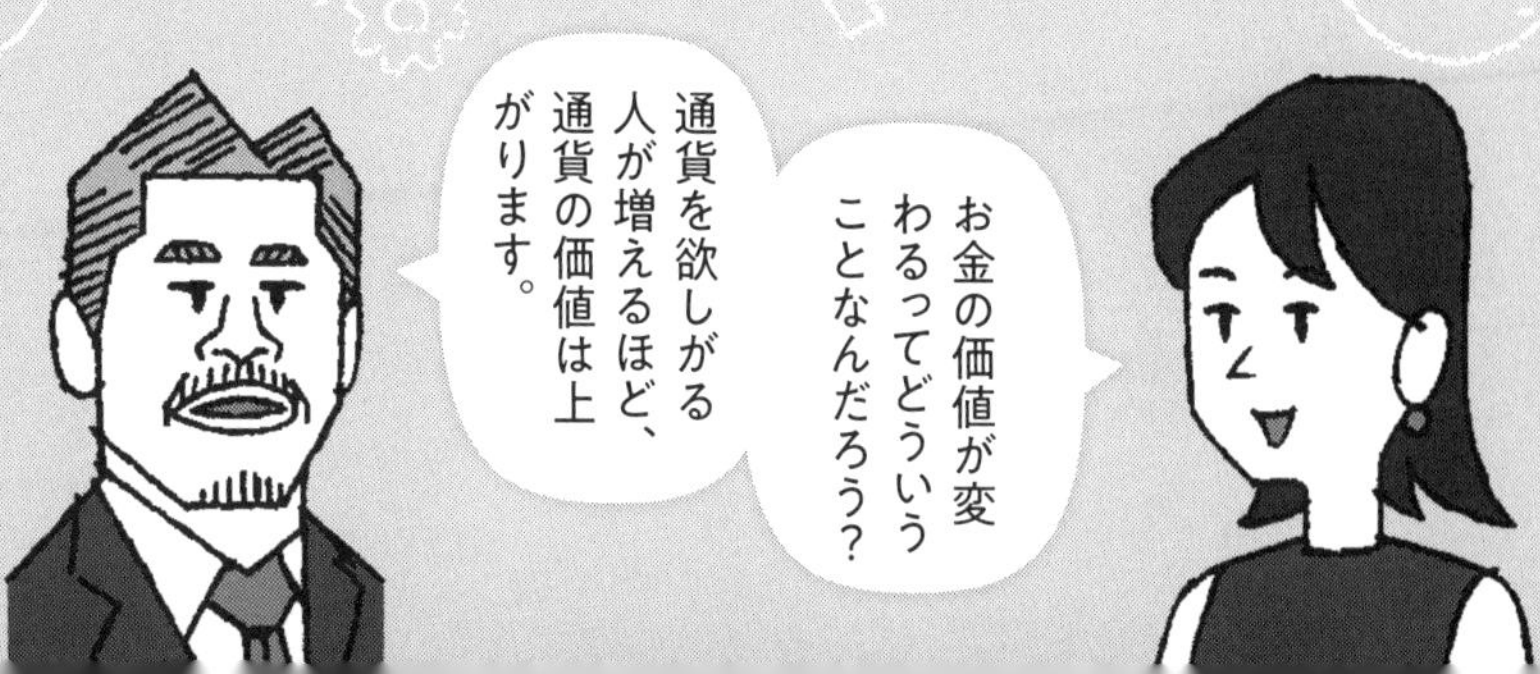
お金の価値が変わるってどういうことなんだろう?
通貨を欲しがる人が増えるほど、通貨の価値は上がります。

為替レートが動くしくみってどうなってるの？

そもそも為替ってなぜ動くんですか？

為替は基本的に需要と供給によって変動します。円が欲しいという人が多くなれば円の価値は高まり、円を売りたいという人が増えれば円の価値は下がります。

お金の価値が変わるってなんだか想像しにくいですね。

お金と考えるからこんがらがるのかもしれませんね。たとえば、リンゴが100個あるとして、120人の人がそのリンゴが欲しいと思ったらリンゴの価値は上がりますよね？

そうですね。それだけ欲しい人がいたらリンゴの値段を上げても売れそうですもんね。

為替の変動も本質的にはそれと同じです。限られた枚数の通貨を欲しい人が増えれば値段が上がるわけです。

その、円とかドルを欲しがるっていう感覚がよくわからないんですよね。

通貨そのものを欲しがるわけではありません。たとえば、企業がアメリカからモノを輸入するときはドルで代金を支払うので、ドルが必要になるわけです。投資家であれば、アメリカの株を買いたいときはドルが必要になります。

なるほど、通貨そのものではなくて、モノや株式なんかを買うために必要になるわけですね。

そうです。それでは、どんなものが需要や供給に影響するのかを説明していきましょう。

為替で聞く固定相場や変動相場ってなに？

為替レートを決める制度のことです。

為替レートには「固定相場制」と「変動相場制」の２種類があります。固定相場制とは各国間で為替レートを固定・維持する制度です。変動相場制とは通貨の需要と供給にあわせて為替レートが変動する制度です。

歴史をさかのぼると、昔は多くの国が固定相場制を採用していました。その原因は、１９４４年に45か国が参加した連合国通貨金融会議で締結されたブレトンウッズ協定にあります。**これは金１オンス＝35ドルというレートをもとにドルを基軸とした固定相場に定めた**ものです。しかし、１９７１年に当時のアメリカ大統領であるリチャード・ニクソンがそれまでのドルと金の固定比率を一時停止しました。

当時のアメリカは深刻なインフレに苦しめられており、有効な対策が打てず、他国からドルの信頼性に疑問を持たれていました。アメリカはドルを守るために、金1オンス＝38ドルの新しい固定相場にしようとしていましたが、ドル不安は拭えず、1973年に先進国は変動相場制に移行しました。

日本は1945年～1973年まで1ドル＝360円で固定されていましたが、1973年に変動相場制に移行直後は1ドル＝260円代まで円高になり、その後さまざまな経緯で円高や円安を繰り返し（詳しくは6章参照）現在では1ドル＝110円前後で推移しています。

現在は、多くの国が変動相場制を採用していますが、一部の新興国はドルとの固定相場制や、複数の通貨を連動させ安定を図る固定相場制を採用しています（詳しくは70ページ参照）。

Q 固定相場にはどんな種類があるの？

A ドルペッグ制と通貨バスケット制があります。

固定相場制には**対米ドルと自国通貨のレートを固定したドルペッグ制や複数の外貨のレートに連動した通貨バスケット制**があります。

ドルペッグ制を採用している国は、香港やエルサルバドル、バミューダ諸島のほか中東産油国も採用しています。また、マカオ・パタカは香港ドルとのペッグ制を採用しているため、実質的にドルペッグ制を採用している状態になっています。

ドルペッグ制は**経済基盤の弱い国や政情不安な国が採用**しています。これは、経済や政情の変化に自国通貨の為替レートが敏感に反応してしまい、不安定な動きになってしまうからです。アメリカと金利を連動させたり、為替介入を行い、基軸通貨であるドルとの為替レートを維持させて、自国通貨の変動リスクを防ぐことができるのが大きなメリットです。また、ドルと連

ドルペッグ制のしくみ

信用のあるドルと連動することで自国通貨が安定する

信用のない
新興国通貨

ドルに連動させる →

基軸通貨で
信用がある

ドルとの連動を維持する方法

金利をアメリカに
連動させる

メリット
アメリカとの金利差がなくなる

デメリット
金利はアメリカ次第

為替介入を行う

メリット
金利政策は自由にできる

デメリット
膨大な為替介入が必要

良くも悪くもアメリカ次第な部分があります
メリットもデメリットもあるんですね!

動することで対米貿易の採算を安定させる効果もあります。

貿易をする際は自国通貨をドルと交換して売買が行われます。対ドルの為替レートが不安定だとどれくらいの金額になるかわかりませんが、レートが固定されているならば、金額がはっきりするメリットがあります。

しかし、固定相場制は良いことばかりではありません。ドルペッグ制は良くも悪くもアメリカの経済政策に影響されてしまいます。アメリカがドル高政策をするときには、ドルペッグ制を導入している国の通貨も高くなってしまい、輸出に頼っている国は不利な取引になってしまいます。

また、金利政策によるインフレ抑制ができないのもデメリットのひとつです。ドルペッグ制を採用している場合、相場維持のためにアメリカの金利と連動しています。そのため、インフレが強まっても、金利を上げてインフレを抑制することができません。もし、国内がインフレ状態なのに、アメリカが利下げをしてしまうと短期間で急激に物価が上昇するハイパーインフレになり、経済が混乱する可能性があります。

もうひとつの固定相場制である通貨バスケット制とは、為替レートを複数の外貨と連動させる制度です。シンガポールやロシア、マレーシアなどが採用しており、珍しいところでは経済

バスケット制のしくみ

複数の通貨と連動させることで特定通貨による影響が少ない

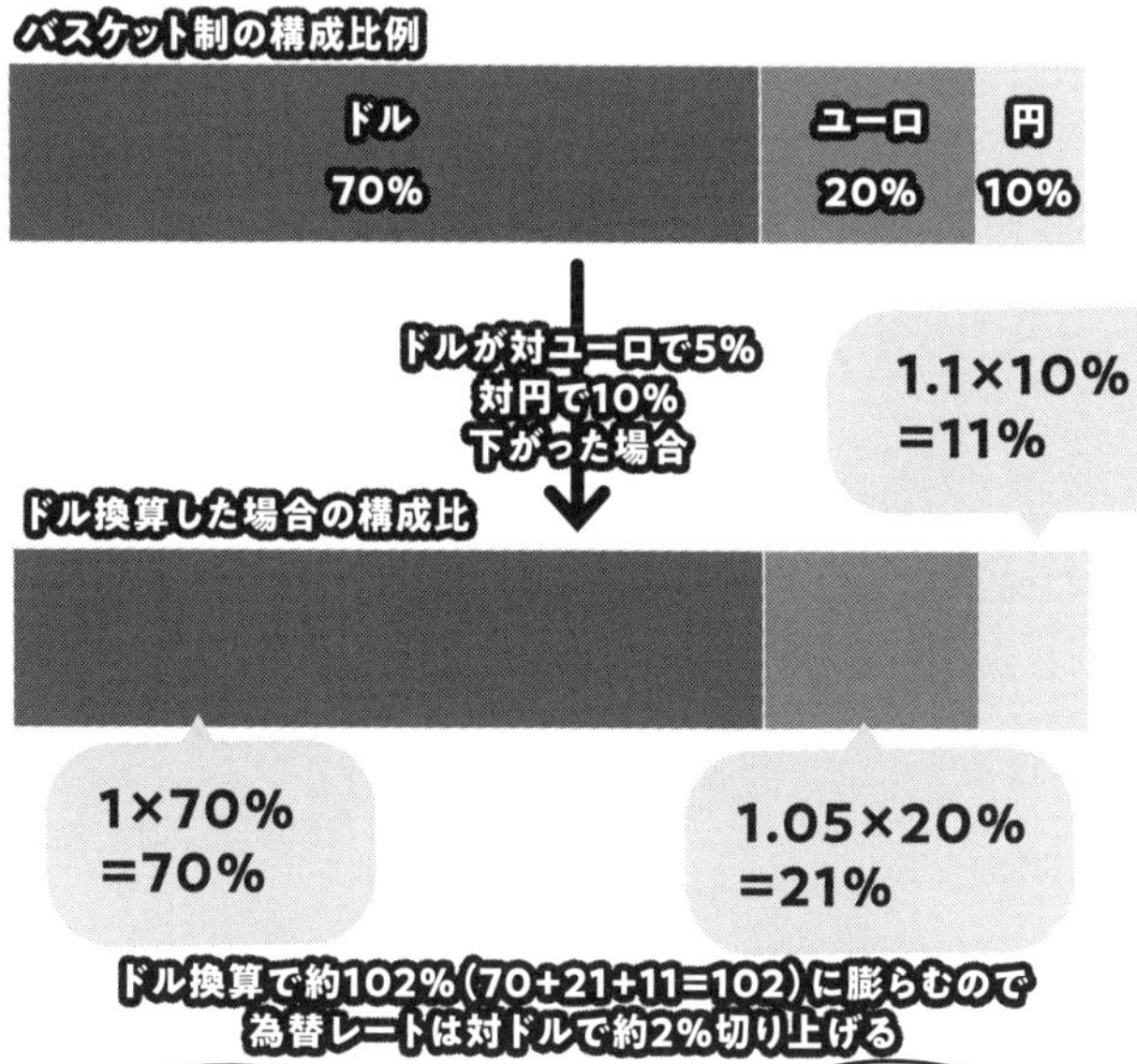
バスケット制の構成比例
ドル
70%
ユーロ
20%
円
10%
ドルが対ユーロで5%
対円で10%
下がった場合
1.1×10%
=11%
ドル換算した場合の構成比
1×70%
=70%
1.05×20%
=21%
ドル換算で約102%（70+21+11=102）に膨らむので
為替レートは対ドルで約2%切り上げる

構成比率が高い
通貨が大きく変動
すると危険です
大きな変動がしにく
いんですね

大国の中国も採用しています。

外貨の構成比率は、貿易量などによって比重を決めるのが一般的です。たとえば、バスケットをドル70％、ユーロ20％、円10％で構成したとすると、ドルが対ユーロで5％、対円で10％下落した場合、対ドルで考えるとユーロは約5％、円は10％の「値上がり」になります。先ほどの構成比で考えると「対ドルの交換価値」で約2％増えることになります。

このようにドルペッグ制と比べると複数の通貨で構成されているので、特定の通貨が急激に変動しても影響が緩和され、為替レートが安定しやすいというメリットがあります。ただし、あくまで緩和されるだけなので、ドルペッグ制が持つデメリットも依然として存在します。

Q 為替レートはどうやって決まるの？

A 通貨の売買によって変動します。

変動相場制での為替レートは需要と供給のバランスで決まります。

たとえば、日本の自動車会社がアメリカに自動車を輸出した場合、その代金はドルで受取ることになります。一方、自動車を作るための原材料費や日本国内の従業員の賃金を支払うためには、円が必要なので、代金として受取ったドルを円に替えます。

このとき、日本の自動車会社は「ドルを売って円を買う」という為替取引を行います。日本からの輸出が増えると、それだけ「ドルを売って円を買う」取引も増えるため円の需要が高まり、為替レートは円高・ドル安に進む可能性が高くなります。

逆に、日本の企業がアメリカから製品を輸入した場合、輸入代金はドルで支払う必要があるので、「円を売ってドルを買う」という為替取引が行われます。つまり、輸入が増えると円安・

ドル高の要因となります。

このように為替取引が行われた結果、**多く売られた通貨は安くなり、多く買われた通貨は高く**なります。

もちろん、輸出入以外でも為替取引は行われています。たとえば、日本の投資家がアメリカの株式や米ドルで発行された債券を購入するときには「円を売ってドルを買う」という為替取引が行われ、アメリカの投資家が日本の株式や債券を購入するときには「ドルを売って円を買う」という為替取引が行われます。また、日本人がアメリカに旅行に行くときには「円を売ってドルを買う」為替取引が行われます。

このようにさまざまな市場の参加者が、それぞれの目的を持って通貨の売買を行い、最終的な需要と供給のバランスによって為替レートは変動していきます。

為替レートの変動を考えるときに気を付けたいのは、対ドルで円高になったからといって必ずしもほかの通貨に対しても円高になるわけではないということです。

たとえば、対ドルに対して円高になっていても対ユーロに対しては円安になることもあります。これは米ドルと円を比べると円の需要が高く、ユーロと円を比べるとユーロの方が需要が高いということです。

通貨の需要で為替レートは変動する

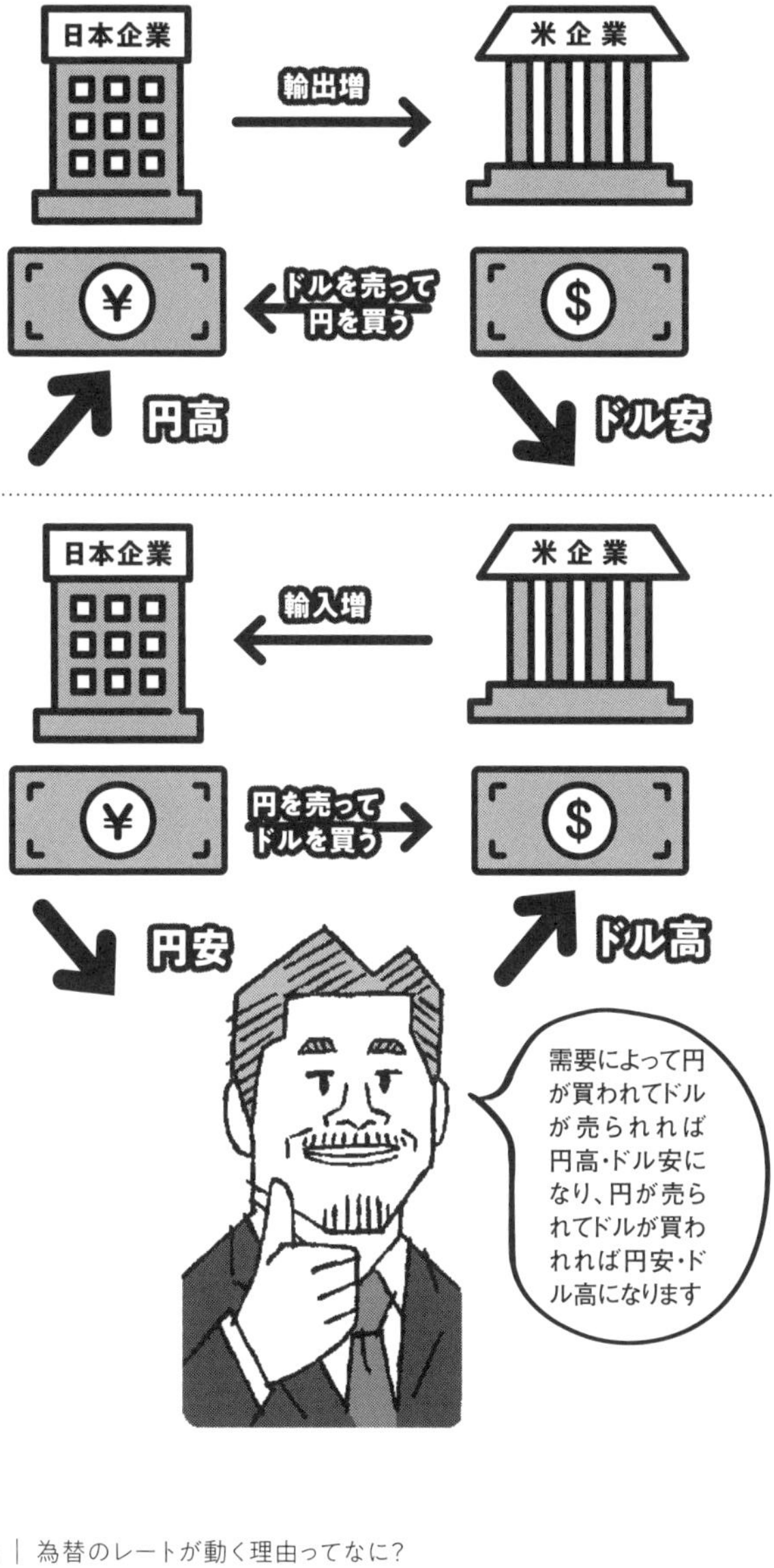

このように、為替レートを考えるときは基本的に2国間の通貨の需要と供給が重要です。「円とドル」や「円とユーロ」、「ドルとユーロ」などの2通貨を比較してどちらの需要が高いのかで通貨安や通貨高が決まります。

Q どんなものが為替レートに影響を与えるの？

A さまざまな要因が重なり合って変化します。

為替レートは需要と供給によって決まります。その需要や供給はどんなものに影響されるのかというと、大きくわけて以下の5つがあります。

・景気動向
・金利
・物価
・政治的安定度
・実需

「景気動向」は**景気が良いか悪いかが通貨の需要と供給に関わります**。景気が良いということは、経済活動が活発であるということを意味します。つまり、景気が良い国の企業の株価が値上がりすることを見込んで、その国の株式市場に海外の投資家の資金も入ってくる可能性が高まります。61ページで紹介したように株が買われることは通貨高要因になります。逆に景気が悪くなると投資家は企業の株価下落を見越して株を売るので通貨安要因になります。

各国の景気動向は経済指標で確認できます。経済指標とは、各国政府や中央省庁、中央銀行などが定期的に公表している経済に関する統計を指します。特に主要国の経済指標は、為替相場を変動させる要因のひとつです（詳しくは88ページ参照）。

「金利」は各国の政策金利のことです。政策金利とは、中央銀行などが設定する短期金利（誘導金利）のことで、銀行預金の金利や債券の金利など各種金利に影響を与えます。金利が高い方がより多くの収益を得ることができます。そのため、金利が上昇すればその国の通貨を持ちたいと考える人が増えるため通貨高になり、金利が低下すれば、その国の通貨を手放す人が増えるため通貨安になります。

また、各国間の金利差も重要です。たとえば、期間10年の国債の利率が、日本では0・07%でアメリカでは1・6%だとしたら、アメリカの国債を購入したいと考える人が増えるはずです。そうなるとアメリカの国債を買うために**「円を売り、ドルを買う」為替取引が増え、円安・ドル高要因**になります。

日本とアメリカの金利差がさらに広がれば、アメリカの国債を買いたくなる人が増えるのでより円安・ドル高の勢いが強まります。

「物価」の変動も為替に大きく影響を与えます。**物価が上昇すれば、その国の通貨価値が下落し、物価が下落すれば通貨価値は上昇**します。

極端な例ですが、1ドル＝100円のときに日本の物価が100倍になったとします（インフレ）。つまり、円の価値が100分の1になるので、理論上は1ドル＝10000円になります。逆に物価が100分の1になれば（デフレ）、円の価値は100倍になり、理論上は1ドル＝1円になります（詳しくは98ページ参照）。

もちろん、為替レートの動きは他の要因もあるので、このとおりになるとは限りませんが、基本的に物価が上がるインフレ時は円安になり、物価が下がるデフレになると円高になる傾向があります。

「政治的安定度」は政権交代や制度変更、外交問題などが含まれています。たとえば、政権交代が起こった場合、**その国の今後の政策に見通しがつかなくなれば投資家は資金を引き上げる**

為替レートに影響を与える要素

要素	内容
景気動向	景気が良い国の通貨は値上がりしやすい 景気が悪い国の通貨は値下がりしやすい
金利	金利が高い国の通貨は値上がりしやすい 金利が低い国の通貨は値下がりしやすい
物価	物価が上がった国の通貨は値下がりしやすい 物価が下がった国の通貨は値上がりしやすい
政治安定度	政治が不安定の国の通貨は値下がりしやすい 政治が安定している国の通貨は値上がりしやすい
実需	通貨が買われると値上がりしやすい 通貨が売られると値下がりしやすい

すべてが複雑に絡み合って為替レートが決まります
いろんな要素があるんですね

可能性があり、通貨安要因になります。逆に政権交代によって、今後の政策に期待ができる場合は、その国に投資する人が増えるので通貨高要因になります。

「実需」とはFXのような通貨の売買に発生する差額による利益を狙ったもの（投機取引）ではなく、貿易や資本取引などの商取引に裏付けられて締結する為替取引を指します。買い切りや売り切り、もしくは長期の保有となることが多いため、**投機的取引に比べて取引量は少ないものの市場への影響力は強い**と言われています。

Q

経済成長すると為替はどうなるの？

A

通貨の価値が上がりやすくなります。

経済成長は通貨高要因になります。経済成長はＧＤＰで確認ができます。ＧＤＰとは別名「国内総生産」と呼び、一定期間内に国内で新たに生み出されたモノやサービスの付加価値のことで、国の経済成長率を測定するものです。たとえば、１００円で売っているオレンジジュースがあるとします。このオレンジジュースを小売店が80円で仕入れている場合、20円が付加価値になります。また、このオレンジジュースを作るために、入れ物の缶や原料のオレンジを仕入れるのに50円かかっているとすると、80円の仕入れに対してメーカーには30円の付加価値が生まれています。この20円と30円の付加価値をＧＤＰとして見ます。

また、「実質ＧＤＰ」というのがありますが、これは物価の変動による影響を取り除いたＧＤＰのことを指し、「名目ＧＤＰ」は物価の変動は考慮しないＧＤＰを指します。たとえば、

1年目と2年目の名目GDPが変わらなくても、物価が上昇している場合は、実質的にはマイナスになっています。たとえば、先ほどのオレンジジュースの名目GDPが1年目と2年目ともに10万円だったとします。しかし、インフレによりオレンジジュースの価格が100円から200円に上昇した場合、同じ10万円でも購入された本数は半分ということになります。

つまり、同じ10万円でも購入できる規模が小さくなったため、経済が成長しているとは言えません。

次に為替の面からも見てみましょう。基軸通貨であるドルで換算すると、名目GDPが10万円なので、1年目は1ドル＝100円の場合、ドルベースの名目GDPは1000ドルになります。2年目は物価が2倍になっているので81ページで説明したように円の価値は半減し、1ドル＝200円での計算になり、名目GDPは500ドルになります。ドルベースでも実質的なGDPが下がっていることがわかるでしょう。

このような物価変動の影響を取り除いたものが「実質GDP」と呼ばれ、経済成長の指針として使われます。

この**実質GDPと通貨は一定の相関関係**があります。86ページの図は日本の実質GDP成長率と対ドルの円の推移です。

日本の実質GDP成長率と円の対ドルレートの推移

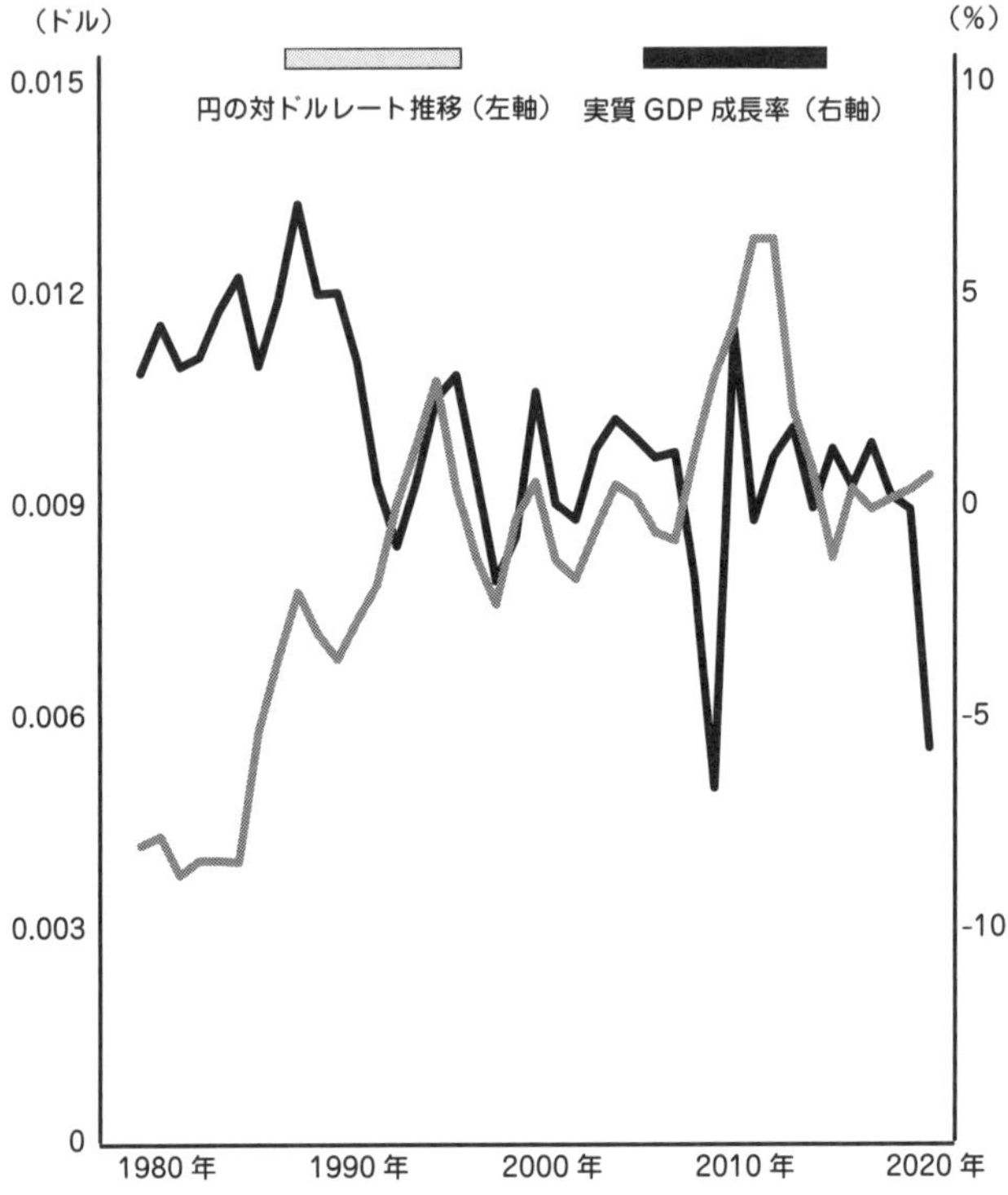

出所 :IMF

実質GDP成長率が上昇すれば円高になり、下落したときは円安になる傾向があることがわかるでしょう。71ページで紹介したように景気動向は為替に影響します。つまり、実質GDP成長率が上昇すると、経済が成長=景気が良くなると考え投資家が日本に投資するため、円高になりやすくなります。

Q 経済指標は為替にどんな影響を与えるの？

A 経済指標は短期〜中期的に為替相場に影響を与えます。

国の経済状況を知るための指標として「経済指標」というものがあります。経済指標とは、各国政府や中央省庁、中央銀行などが定期的に公表している経済に関する統計を指します。とくに、アメリカの経済指標は世界経済に与える影響が大きく、注目されています。

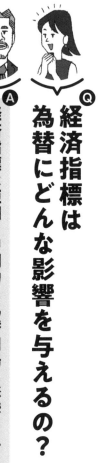

ただし、経済指標は長期的に為替相場に影響を与えることがなく、**短期〜中期的に影響を与えるケースが多い**です。

その理由は、為替相場の変動の仕方にあります。基本的に経済指標による為替変動は71ページで説明した景気動向による為替変動と同じように投資家の行動によって決まります。投資家たちは常に世界の景気についてアンテナを立てているので、経済指標が発表される前の段階である程度の情報は把握しています。そのため、発表前からその情報を織り込んで投資を行っているので、良い結果や悪い結果の経済指標が発表されたとしても、そこから投資行動（売買）は起きません。

では、どのようなときに投資行動が行われるのかというと、事前に把握していた情報と経済指標の内容が異なったときです。

たとえば、アメリカの経済指標で事前に知っていた情報よりも悪い情報が出れば、景気が悪くなると判断され、ドルは安くなります。逆に事前に知っていた情報よりも良い情報が出れば景気が良くなると判断され、ドルは高くなります。このように事前情報と異なる結果が出ることを「サプライズ」と呼びます。

つまり、経済指標による投資行動は調整のために行われることが多いため、長期的に大きな流れを作るわけではありません。

また、経済指標について注意したいのは、経済指標の数値自体が良くても、事前情報よりも悪ければ株式や債券が売られるということです。たとえば、アメリカの失業率が前期と比べ0・5ポイント減という事前情報で投資家が投資しているなかで、実際の経済指標では前期と比べ0・1ポイント減だった場合、失業率自体は下がっているのに、事前情報よりは悪い結果だったため、実際にはドルは下がる傾向があります。

このように経済指標の数値自体ではなく、事前情報とどれだけ乖離しているかで、為替相場が動く傾向があります。

また、世界経済の中心であるアメリカの経済指標は注目されやすく、雇用者数や失業者数などの統計である「雇用統計」や政策金利を発表する「FOMCの声明」などは特に重要な指標だといわれています。

Q 金利が高くなると必ず通貨高になるの？

A 必ず通貨高になるわけではありません。

金利が高いほど、投資家にとってはその国の債券などを買いやすくなるため、通貨高になりやすいと説明しましたが、**国によっては必ずしも高くなるとは限らないケースもあります。**金融市場では「リスクがないところにリターンはない」と考えられているため、リスクがなく利回りだけが高い金融商品は存在しません。その理屈で考えると高金利通貨にもリスクがあると考えられます。

新興国通貨は先進国通貨に比べ高金利である場合が多いです。しかし、新興国通貨が先進国通貨に比べ極端な通貨高になってはいません。この背景には、高いインフレ率があります。たとえば、インフレ率10％の国で年利５％の国債を１００万円分買ったとします。１年後には国債は１０５万円の価値になります。しかし、インフレの結果１００万円で販売されていた商品が110万円に値上がりしています。つまり、5万円分損をすることになります。

この状態では国債を買っていても金利以上に物価が上がっているので損をしてしまいます。

そこで大事なのは「実質金利」と呼ばれるものです。実質金利とは金利からインフレ率を引いたものです。たとえば、インフレ率10％で年利5％の場合は実質金利はマイナス5％になります。ちなみに、インフレ率を考慮しない金利のことは「表面金利」とも言います。

新興国の表面金利は高いことが多いですが、その裏には高いインフレ率が隠れており、実質金利はそれほど高くないケースも珍しくありません。

投資家にとっては金利が高ければその国の物価が高くなっても関係ないと思う人もいるかもしれませんが、実は大きく関係があります。それは為替レートが変動するからです。81ページでも説明しましたが、その国の物価が上がればその国の通貨の価値は下がります。

さきほどの例と同じように、インフレ率10％の国で年利5％の国債を100万円分買ったとします。このときその国の1通貨の価値が100円だった場合、1万通貨分の国債を買ったことになります。1年後には国債は1万500通貨の価値になりますが、インフレの結果1通貨の価値が90円になった場合、日本円に換算すると94万5000円になってしまい、損失が発生します。

インフレと金利の関係

金利よりも物価上昇率が高い場合

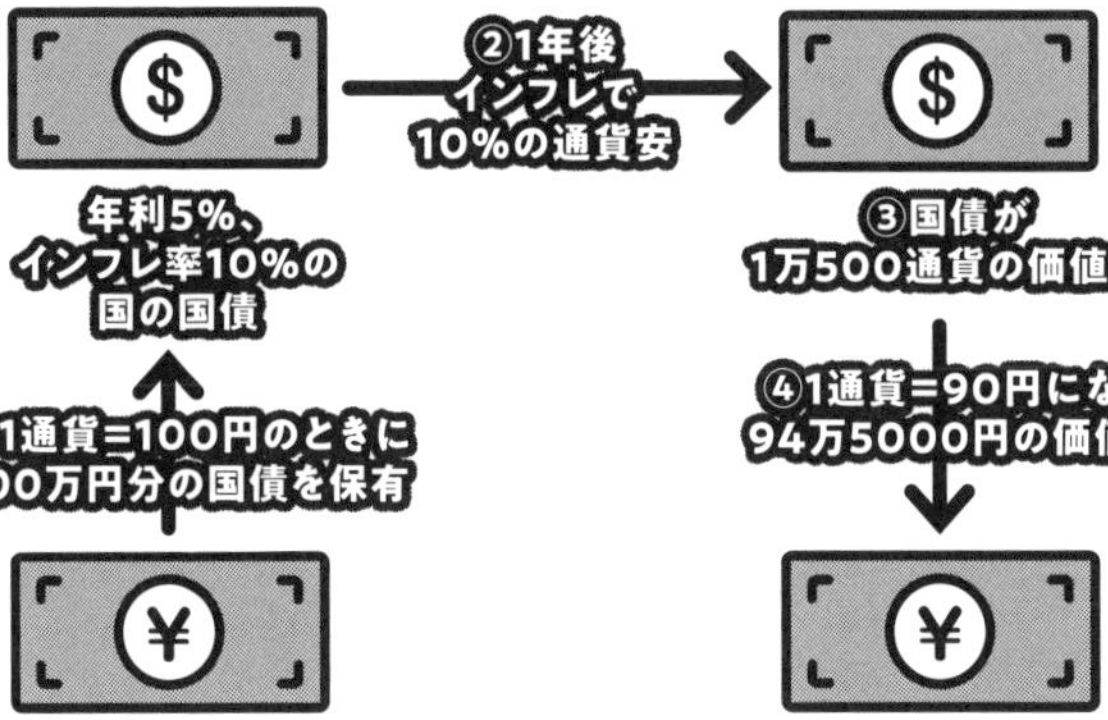
①1通貨=100円のときに100万円分の国債を保有
年利5%、インフレ率10%の国の国債
②1年後インフレで10%の通貨安
③国債が1万500通貨の価値に
④1通貨=90円になり94万5000円の価値に

高金利でも高インフレの場合は損失が出てしまう

高金利でも高インフレの国は投資をしても損失が出てしまう可能性があるため、投資家が投資行動を起こさず、通貨高にはならない。

投資家が投資したくなる環境でないと通貨高にはなりません
通貨高になるとは限らないケースもあるんですね

このようにインフレになってしまうと、損失を出してしまう可能性があるので、投資家はその国へ投資しにくくなってしまいます。さらに、すでにその国に投資していた場合は、その投資資金を引き上げてしまう可能性があります。投資資金を引き上げるということは、通貨が売られてしまうので、更に通貨安になってしまいます。

このように、高金利になると必ずしも通貨高になるわけではなく、インフレ率によっては逆に通貨安になってしまう可能性があります。

Q

為替の取引量が多い時期はいつですか？

A

事業年末度の3月は比較的取引量が多い傾向があります。

為替には取引量が多い時期があります。円がらみの取引量が多くなるのは事業年末度である3月です。東証に上場している会社のうち、7割近くの企業が3月決算となっています。決算に向け、外貨を円に換えたり、企業が保有する投資資産の手仕舞いや、**輸出企業のドル売り・円買いが出やすくなる**ため、円高に動きやすくなります。

このような取引量の動きはほかの月にもあります。たとえば、5月のゴールデンウィークは海外旅行に行く人も多いので、その準備のために4月終盤に円を売って外貨を買う動きが出やすい傾向があります。

また、5月はアメリカのヘッジファンド（詳しくは166ページを参照）による株の売却が多い傾向があります。ヘッジファンドの解約は決算日の45日前までに通知する必要があります。

アメリカのヘッジファンドは6月決算が多いので、45日前になる5月はヘッジファンドの解約によって株の売却が行われるため、為替にも影響が出てきます。また、11月も同様に、12月決算のヘッジファンドによる取引が多くなります。

2月と8月はアメリカの国債の償還を迎えることが多いため、ドルを円に換える動きがあり、円高になる傾向があります。

為替取引量が多い傾向がある月

月	理由
3月	日本の企業の多くが決済月なので、外貨を円に換える取引が増える
4月	5月のGWに向けて、海外旅行用の外貨需要が高まる傾向がある
5月	6月決算のヘッジファンドで「45日ルール」の影響で株の売却が増える
11月	12月決算のヘッジファンドで「45日ルール」の影響で株の売却が増える

取引が減る月はあるんですか?
8月と12月は長期休暇を取る投資家も多いので市場参加者が減少する傾向があります

Q 物価の変化は為替に影響があるの？

A 物価の変化は為替に大きな影響を与えます。

物価の変化が為替に影響を与えることはこれまでに説明しましたが、もう少し詳しく説明していきましょう。

物価と為替の関係を語るうえで「一物一価の法則」というものがあります。これは、**同じモノやサービスなら価格は同一になる**という考え方です。

たとえば、同じ材料で作ったハンバーガーをアメリカでは1ドルで販売し、日本では100円で販売した場合は、1ドル＝100円が妥当と考えることができます。ここから、アメリカではハンバーガーが1・2ドルに値上がりし、日本では100円のままで変わらなかった場合、1・2ドル＝100円になり、1ドル＝83・3円が妥当と考えることができます。

この考え方をもとに、アメリカでハンバーガーが1・2ドルに値上がりした時点で、1ドル

＝100円だったとしても、83・3円に向けて円高が進むだろうと推測します。

もちろん、これまでに紹介したさまざまな要素も為替レートに影響を与えるため、必ずしもこの数値どおりに動くわけではありませんが、円高・円安要因のひとつではあります。

このように同一のモノから各国通貨の購買力を測るための指数として、マクドナルドのビッグマックを利用する「ビッグマック指数」やスターバックスのトール・ラテを利用する「スターバックス指数」などがあります。ちなみに、ビッグマック指数とスターバックス指数はイギリスの経済専門誌「エコノミスト」で毎年報告されています。

では、物価の変化によってどのように為替が変化するのかを考えてみましょう。

たとえば1ドル100円のとき、日本産の新車が日本では100万円、アメリカでは1万ドルだったとします。1年後、アメリカでは猛烈なインフレになり（インフレ率100％）、日本は変わらなかったとすると、1年後の新車価格は日本は100万円、アメリカは2万ドルとなるはずです。

仮に為替レートが1ドル100円で横ばいだった場合、新車価格は日本100万円、アメリカ200万円（2万ドル×1ドル100円）になってしまいます。自動車メーカーから見れば、まったく同じ新車がアメリカでは2倍の価格で販売できることになります。

インフレによる為替変動

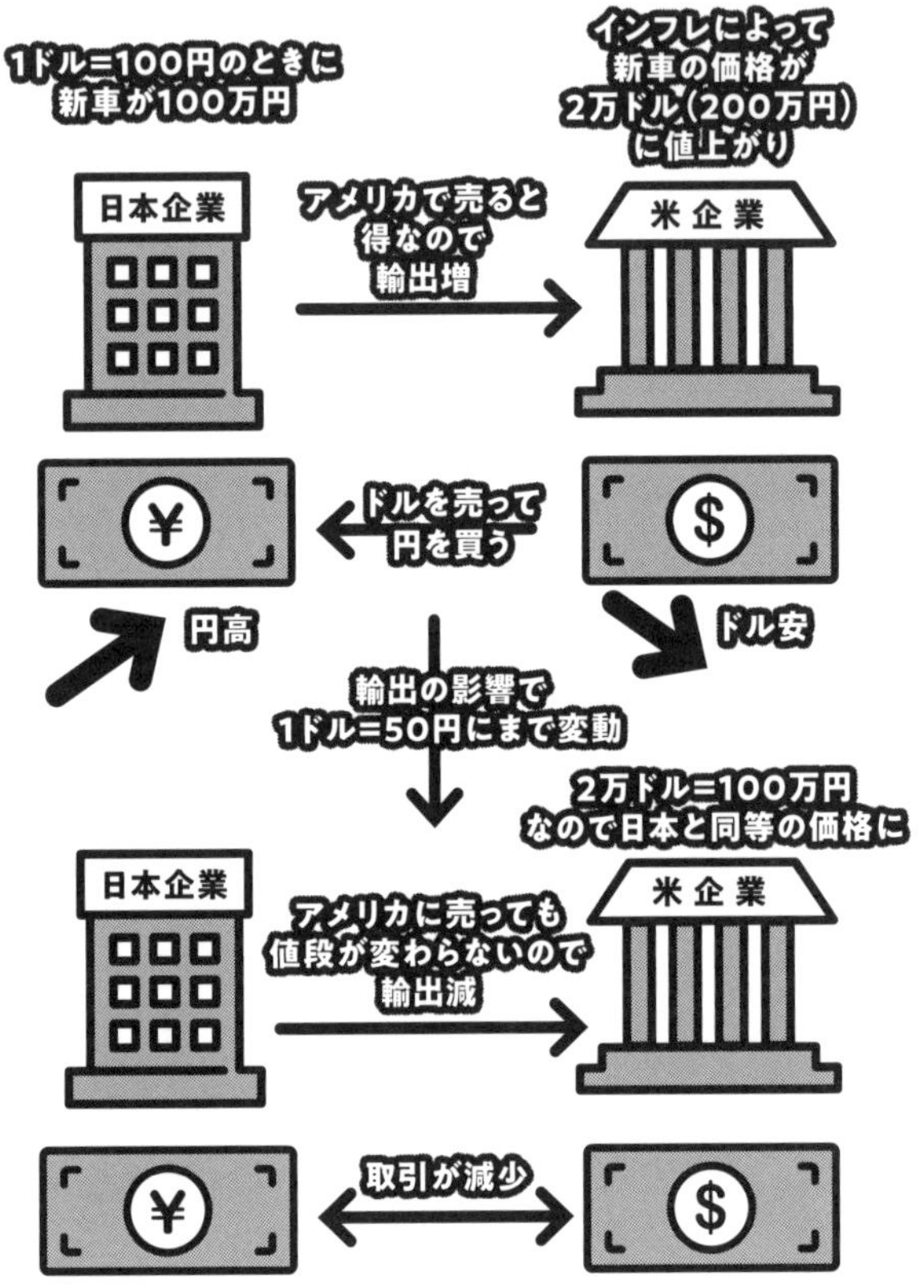
1ドル=100円のときに
新車が100万円
インフレによって
新車の価格が
2万ドル(200万円)
に値上がり
日本企業
アメリカで売ると
得なので
輸出増
米企業
ドルを売って
円を買う
円高
ドル安
輸出の影響で
1ドル=50円にまで変動
2万ドル=100万円
なので日本と同等の価格に
日本企業
アメリカに売っても
値段が変わらないので
輸出減
米企業
取引が減少

同じ価値になるまで為替が変動する

物価上昇により、自国で売るよりも得になれば輸出が増え、それにともない為替取引も増えるので、同一の価値になるまで、為替変動が発生しやすい。

こうなると日本から自動車を輸出すれば大儲けとなるため、自動車メーカーは輸出を増やします。ですが、輸出で得たドルを円に戻す必要があるため、その為替取引のために円高・ドル安になります。

そして、利益が得られる以上、日本とアメリカでの車の価値が同じになるまで自動車メーカーは輸出を増やしたいと考えるため、ある程度の期間で、1ドル＝50円程度へ為替レートが変動する可能性が高まります。

1ドル50円まで円高が進めば、新車の価格は日本は100万円、アメリカ2万ドル×50円＝100万円で同じになります。この為替レートなら、自動車メーカーが積極的に輸出する意味が薄まり、日本からの輸出も徐々に減ってくるので、為替レートは安定します。

第4章

世界経済と為替相場はどう連動しているの？

ニュースなどで報道される情報から、為替市場に参加する世界中のプレーヤーがどのように売買するかで為替相場は変動します。また、通貨の特徴によって、変動の仕方は異なります。世界経済と為替相場の関連性について説明していきましょう。

世界経済って聞くと、なんだか難しそうですね。
ニュースで報道される情報だけでも読み取ることはできます。

世界経済と為替相場の関係について教えて

為替ってどれだけ売られたか買われたかが大事なんですね？

そうです。だからこそ、どんな状況になると買われるのか、売られるのかを知ることも大事ですね。

世界中の人が売買しているから、予想するのは難しそうですね。

ひとつの指標としては、世界経済がどうなっているのかを知ることが為替相場がどのように動くのかを知るために役立ちますね。

世界経済ですか……なんだか難しそうですね。

いきなり世界経済といわれると難しいと考えるかもしれませんが、ニュースで報道さ

れる情報で良いですよ。「今世界的に景気いいなー」とか「不景気だなー」とかがわかればいいですね。

なるほど。ところで、世界経済がどうなると通貨が買われるんですか？

それは通貨によって異なります。これは、為替相場で参加者たちがどのような取引を行うかで変わります。つまり、景気が良いときに買われる通貨・売られる通貨、不景気のときに買われる通貨・売られる通貨を知ることが大事ですね。

通貨によって変わるんですか？

たとえば、不景気になるとリスクが低い通貨が買われやすくなり、リスクが高い通貨は売られやすくなります。また、通貨が売られ、金（ゴールド）などの別の資産が買われることもありますね。

Q 円が強いか弱いかはどうやって判断するの？

A 対ドルに対して円安か円高で判断します。

通貨は基本的に2通貨間で相対的に強いか弱いかで通貨高や通貨安になると75ページで説明しました。

それでは、全体で見たときの通貨の強さを確認したいときはどうしたらいいのかというと、**基本的には対ドルに対して強いのか弱いのかに注目しています。**その理由はふたつあります。

ひとつめの理由は対ドルでの為替取引が多いからです。1章で説明したように、為替取引の中心はドルです。世界中の国が自国通貨をドルと交換して貿易を行っているので、ドルに対して強いか弱いかは通貨の強さを示す指標のひとつになります。

極端な例をあげると、日本の企業が1ドル＝110円のとき、1通貨＝1ドルの新興国から1万ドル分（110万円）の商品を輸入したとします。その後、輸入先の国の通貨が通貨高に

ドルのレートが変わると輸出入の金額が変わる

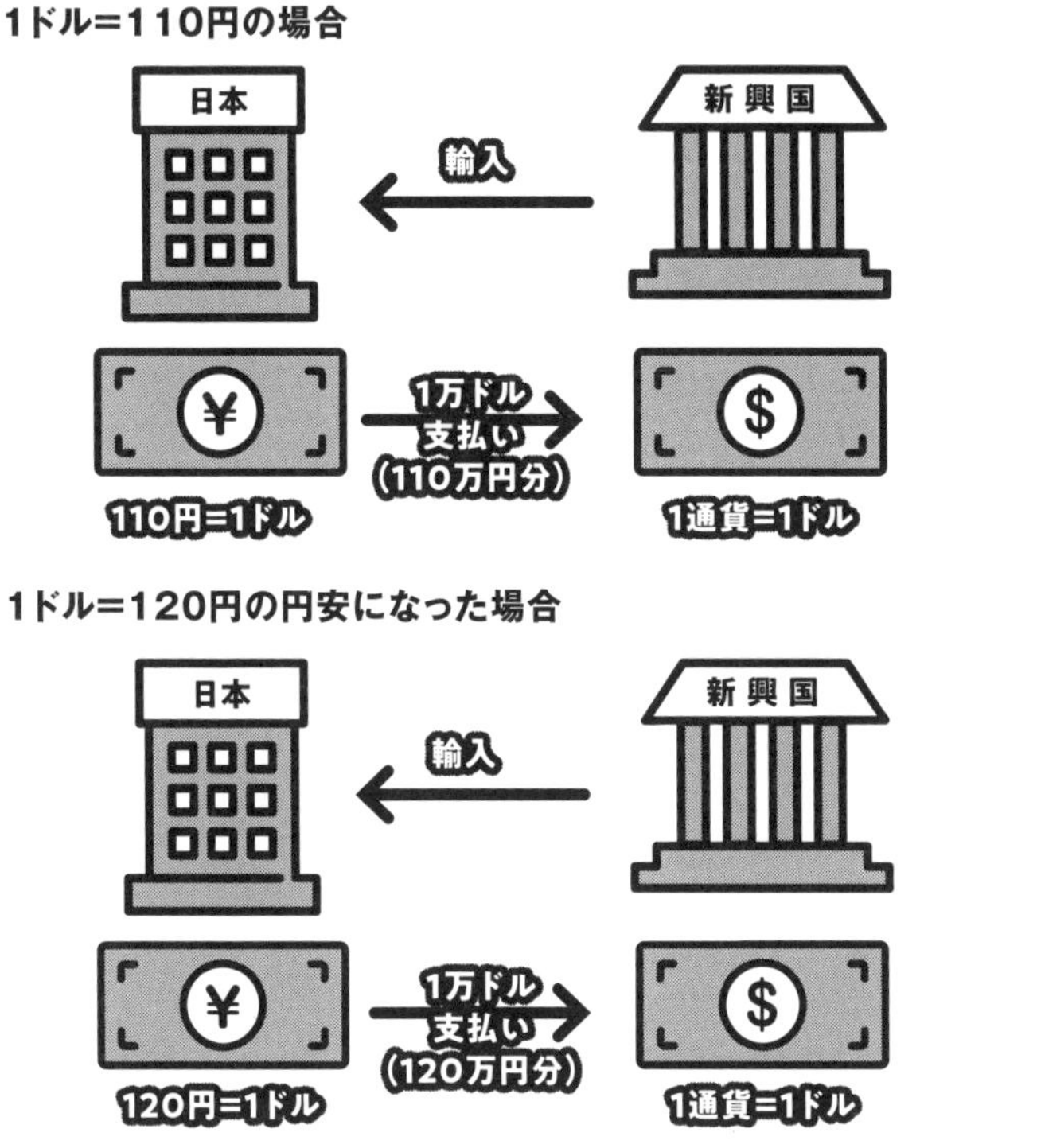

ドルでの取引が多いので、ドルとのレートが重要

貿易において大半はドルでの取引になるので、ドルとのレートが円の強さを考えるときに重要になる。輸入先や輸出先の国の通貨が通貨安や通貨高になっても、ドル円のレートが変わらなければ、支払う金額や受け取る金額は変わらないなり、1通貨＝0・1ドルになったとします。しかし、1ドル＝110円のレートが変わらなければ、支払う金額は1万ドル（110万円）のまま変わりません。

一方、1通貨＝1ドルは変わらないまま、1ドル＝120円の円安になると、支払う金額は1万ドル（120万円）になり、10万円分が増えてしまいます。つまり、円からみた対ドルの価値によって支払う金額が変わるわけです。

ふたつ目の理由は、**外国為替取引において、レートを求めるには、ドルを含む2つの通貨ペアでレートが算出されるからです。**たとえば、ユーロ／円のレートを算出するためには、ドル／円とユーロ／ドルのレートを組み合わせて算出されます（計算式については左ページ参照）。そのため、ドルのレートが大幅に変わってしまうと、ユーロ／円などの他国とのレートにも影響を与えます。

このように、対ドルに対して強いか弱いかは、輸出入企業だけでなく、さまざまな通貨とのレートにも大きく関わってきます。

他国との通貨レートにもドルが関わっている

1ドル=100円

1ユーロ=1.2ドル

↓

100円(ドル/円)×1.2ドル(ユーロ/ドル)
=120円(ユーロ/円)=1ユーロ

3国間で計算したレートはクロスレートと呼ばれる

ほかの通貨の対米ドル為替相場をクロスレートといいます。また、クロスレートによって算出された円とドル以外の通貨との為替相場を「裁定為替相場」と呼ぶこともあります。ちなみにドル/円など、直接ドルとの組み合わせはドルストレートと呼びます。

基軸通貨が変わらない限り、ドルがもっとも重要です
ドルとのレートが大事なんですね

Q どんな状況になると通貨は強くなるの？

A 世界全体の情勢によって変わります。

為替相場は常に一定ではなく、状況に応じて変動します。3章において、国の経済や金利によって変動すると説明しましたが、その国だけではなく、世界全体の景気によっても為替相場は変動します。

つまり、世界全体が好景気時に通貨高になりやすい国や、不景気時に通貨高になりやすい国があります。これは**投資家が投資先を変えるからです。**投資家は基本的に景気が良いときはリスクがある投資先に投資しやすくなり、不景気のときはリスクのある投資は控えるからです。

将来的に世界経済が好景気になることが予想される状態のことは「リスクオン」と呼び、投資家たちがどんどんリスクを取った投資を行うようになります。たとえば、「アメリカや中国が好景気になれば、輸入が増えるはずだから新興国の企業に投資しよう」という考えで投資を

世界の景気によってお金の流れが変わる

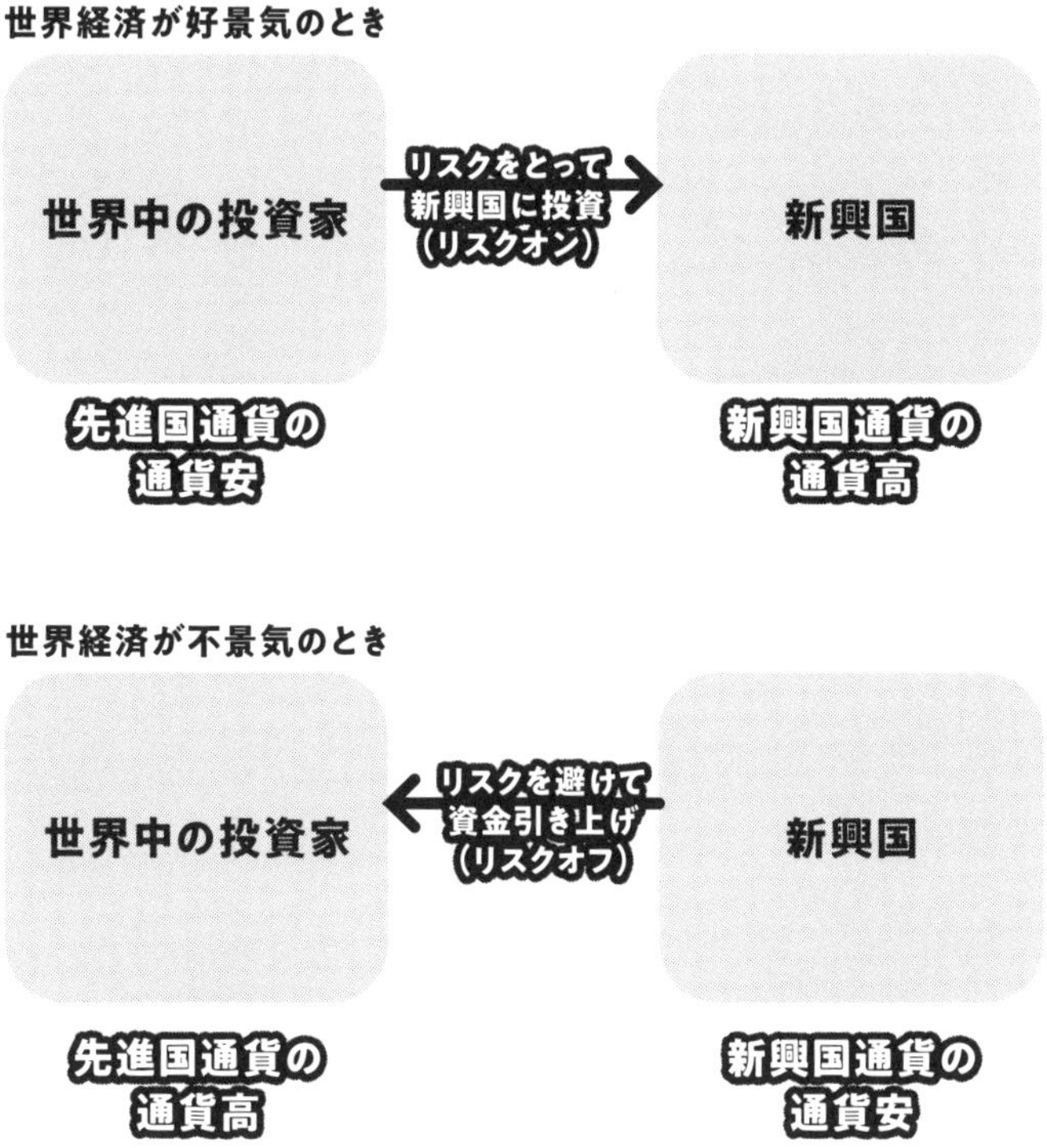

行います。つまり、リスクが高い国の通貨が買われやすくなります。

この場合、投資を行うのは資金に余裕がある国（＝先進国）なので、先進国の通貨を売り（通貨安）、新興国の通貨を買う（通貨高）傾向があります。

一方、将来的に世界経済が不景気になることが予想される状態のことは「リスクオフ」と呼ばれます。この状況では投資家たちは投資に対して、消極的になります。たとえば、新興国に投資した投資家も「景気が悪くなってるし、先行きがわからないから、いったん資金を引き上げよう」と考え始めます。これにより、新興国通貨は売られ（通貨安）、先進国の通貨が買い戻され（通貨高）ます。

このように、世界経済の状況によって、どの国の通貨が買われ、どの国の通貨が売られるのかは変わります。

Q どんなニュースで為替相場は動くの？

A テレビで大きく報道されているようなニュースです。

世界経済と聞くと難しく感じる人もいるかもしれませんが、ニュースで報道される情報を見れば十分です。

たとえば、２０２０年に新型コロナウイルスが世界的に流行したときは、各国でロックダウンが行われたり、事業活動の閉鎖や縮小が行われ、先行きが不安になりました。このような状況では投資家たちはリスクが高いところへの投資は控えるようになるので、リスクオフになります。一方、新型コロナウイルスに対するワクチンが開発されると、先行きが明るくなり、投資家たちの投資が活発になり、リスクオンとなります。

このように、**ニュースなどで大きく取り上げられる注目度が高いものを見ているだけでも投資家の行動を予想することができます。**

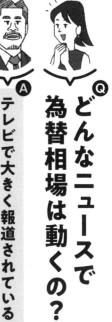

米中貿易摩擦のときのドル円の動き

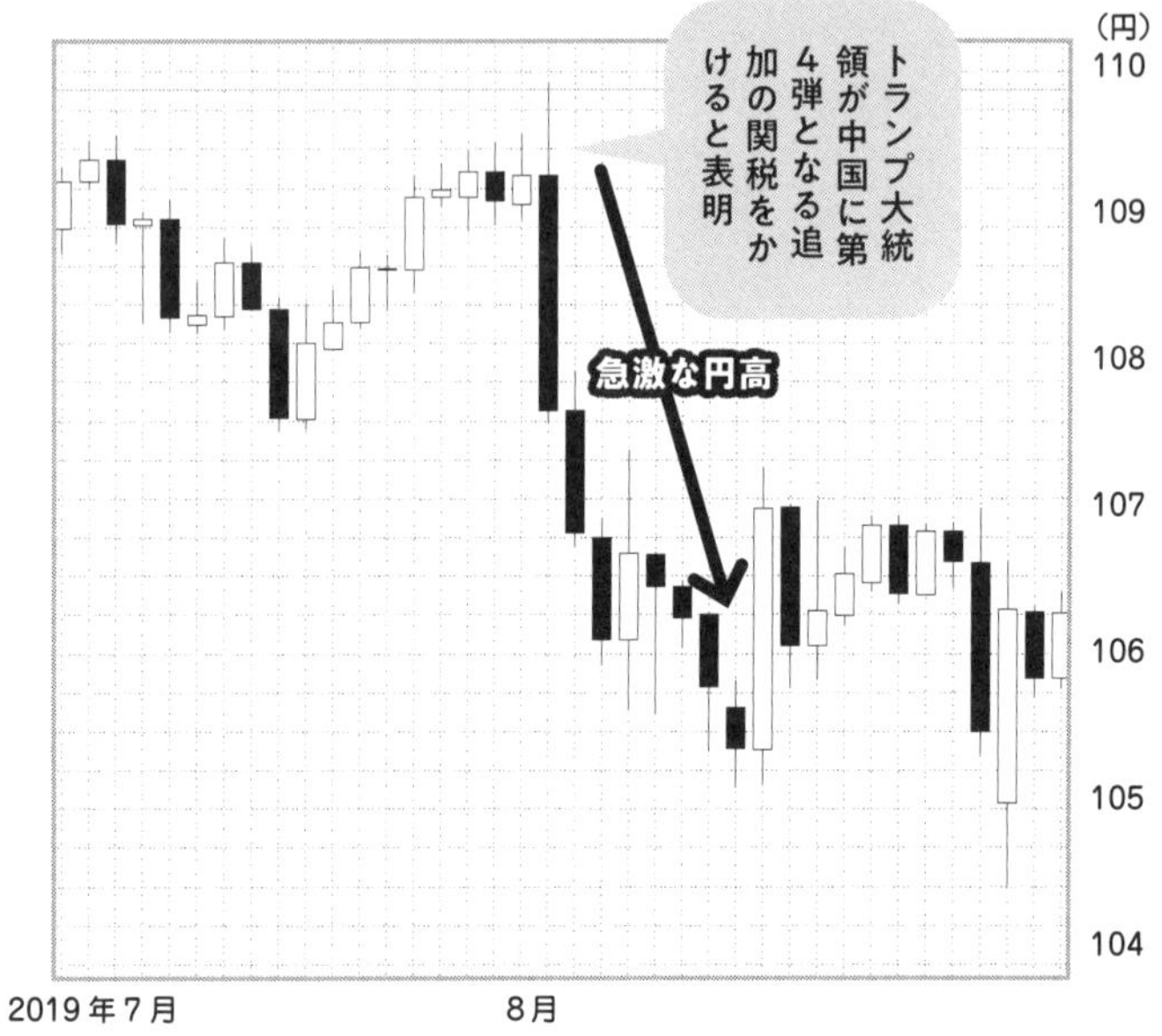
(円)
110
109
108
107
106
105
104
トランプ大統領が中国に第4弾となる追加の関税をかけると表明
急激な円高
2019年7月
8月

相対的に円が安全とみなされて円高になりました
大統領の発言で為替が動いたんですね

別の例をみてみると、米中貿易摩擦やイギリスのEU離脱なども為替相場に影響を与えています。米中貿易摩擦はアメリカが中国に対して自国通貨の人民元の価値を安くし、輸出の際に有利になるようにしていると批判したことをきっかけに起きました。

米中間の対立が深まれば、貿易が抑制され、世界経済の減速懸念が高まります。つまり、リスクオフの状況になります。通常、リスクオフ時は、ドルは買われて強くなりますが、ドルを使うアメリカは問題の渦中にある国なので避けられ、相対的に安全とされる円が買われ、円高が進みました。実際、2019年8月に当時のアメリカ大統領であるトランプ氏が中国に第4弾となる追加の関税をかけると表明したことで、1ドル＝109円台から105円台にまで円高になっています。

ちなみに、円は「安全通貨」とされています。安全通貨というのは、世界中の投資家の間で、不安心理が広がると買われる通貨のことを指します。理由としては、122ページで説明する円キャリートレードの解消やデフレ通貨であることが理由とされています。デフレ通貨というのは、モノやサービスの価格が持続的に下がっている国の通貨のことです。デフレ通貨の特徴として、物価が下がるということは通貨の価値が上がることを意味しています。投資家からしてみると、価値が下がりにくい円が安心という心理が働き、買われやすくなります。

イギリスのEU離脱のときのドル円の動き

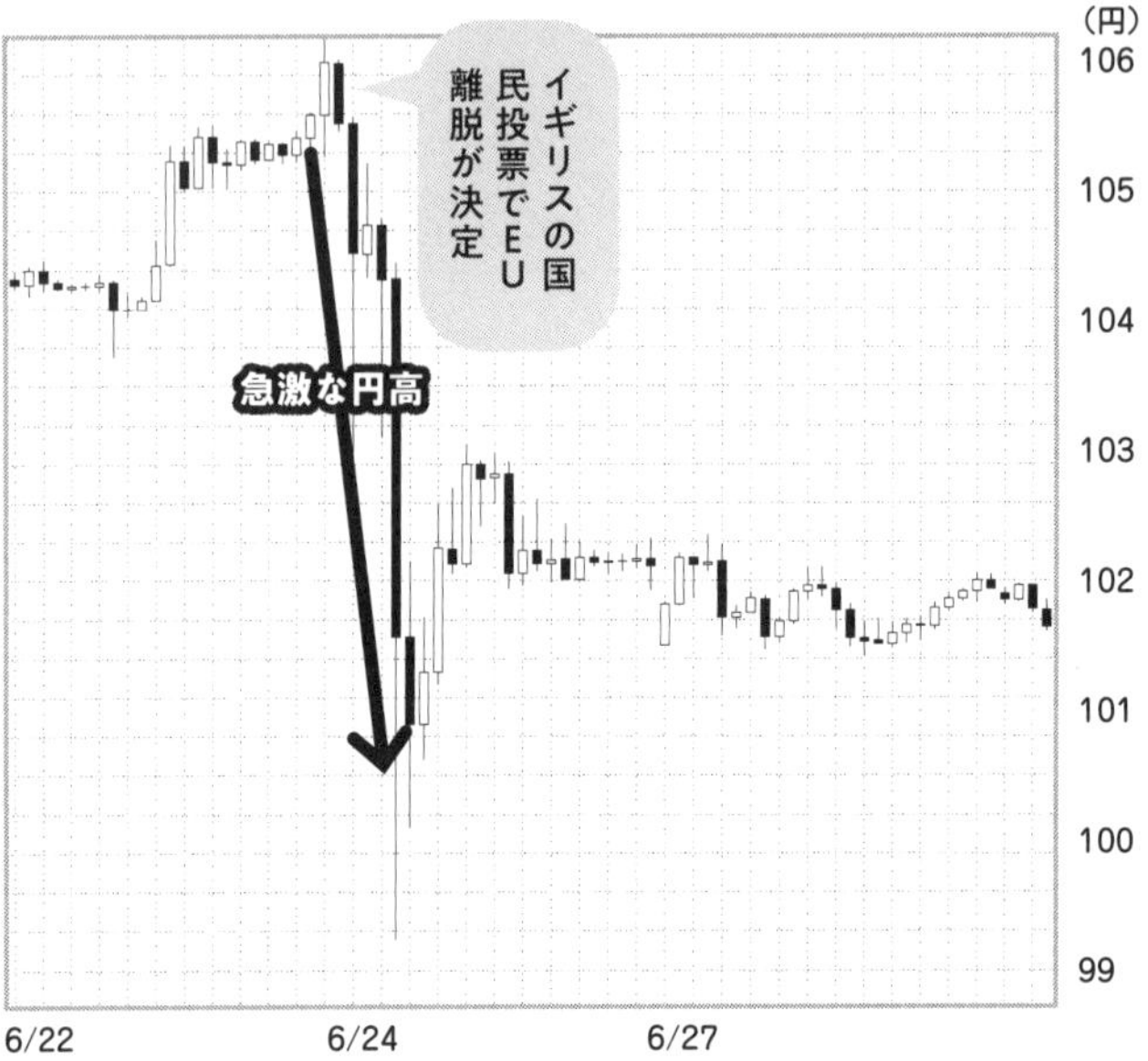

(円)
106
105
104
103
102
101
100
99
6/22
6/24
6/27
イギリスの国民投票でEU離脱が決定
急激な円高

世界中に影響を与える出来事だと影響を受けます
イギリスがEUから抜けることがドル円に影響あるんですね

たとえば、イギリスのＥＵ離脱が国民投票で決まったときは、イギリスがＥＵから抜けることで、貿易が低迷し、欧州諸国だけにとどまらず、世界経済にも悪影響を与えると懸念されました。こちらも、それまで１ドル１０６円だった為替レートは、数時間で１ドル＝99円台へと円高が急激に進みました。

大々的に報じられるニュースによって、投資家の動きが変わり、為替相場に影響を与えるので、ニュースで報道される内容と為替の動きを比較してみるのもいいでしょう。

Q 世界的不景気のときになぜ円高になるの？

A 相対的に安全と見られているため円高になります。

世界的に不景気なときは円は比較的買われやすい傾向があります。たとえば、2008年にアメリカの投資銀行であったリーマン・ブラザーズが経営破綻したことをきっかけに世界規模の金融危機が起きた、いわゆるリーマンショックでは急激な円高になりました。

リーマン・ブラザーズが経営破綻する前は1ドル＝100円以上で推移していたドル円のレートはリーマンショックの影響で90円を割り込み、その後も影響を受け続け、2011年には75円まで円高・ドル安になりました。

リーマンショックによる円高・ドル安は大きく分けて以下の4つの原因が重なったためと考えられています。

リーマンショック時のドル円の動き

(円)
112
103
102
97
92
87
リーマン・ブラザーズが経営破綻
急激な円高
2008年8月
10月
12月
2009年2月

さまざまな状況が
重なり合った側面も
ありますね
こんなに円高になる
こともあるんですね!

①アメリカが大規模な金融緩和を行った
②輸出企業が円高に追随して円買いをした
③機関投資家が大量の外国債券を手放した
④円キャリートレードが解消された

①のアメリカの金融緩和ですが、金融緩和とは不況時に国債の買い上げや政策金利を引き下げて市場に出回るお金を増やす政策です。リーマンショック時は政策金利を引き下げたことで、ドルが大量に供給された結果、大規模なドル売りが発生しました。一方、日本では、リーマンショックは欧米発のもので、当初は日本にはあまり影響がないと考えられていたため、対策が遅れてしまい、大幅な円高・ドル安を引き起こしてしまいました。

②の輸出企業が円買いをしたことについては、当時の貿易収支のからうかがえます。2007年の日本の貿易収支は14・2兆円もの黒字でした。輸出金額が増えるほど円高になりやすいので、円高に拍車をかけたと考えられます。

③は、機関投資家が外国債券を手放したことで、円買いが発生したことです。外国債券を手放すと自国通貨買い、他国通貨売りが発生します。アメリカが金融緩和により政策金利を引き

リーマンショック時のお金の動き

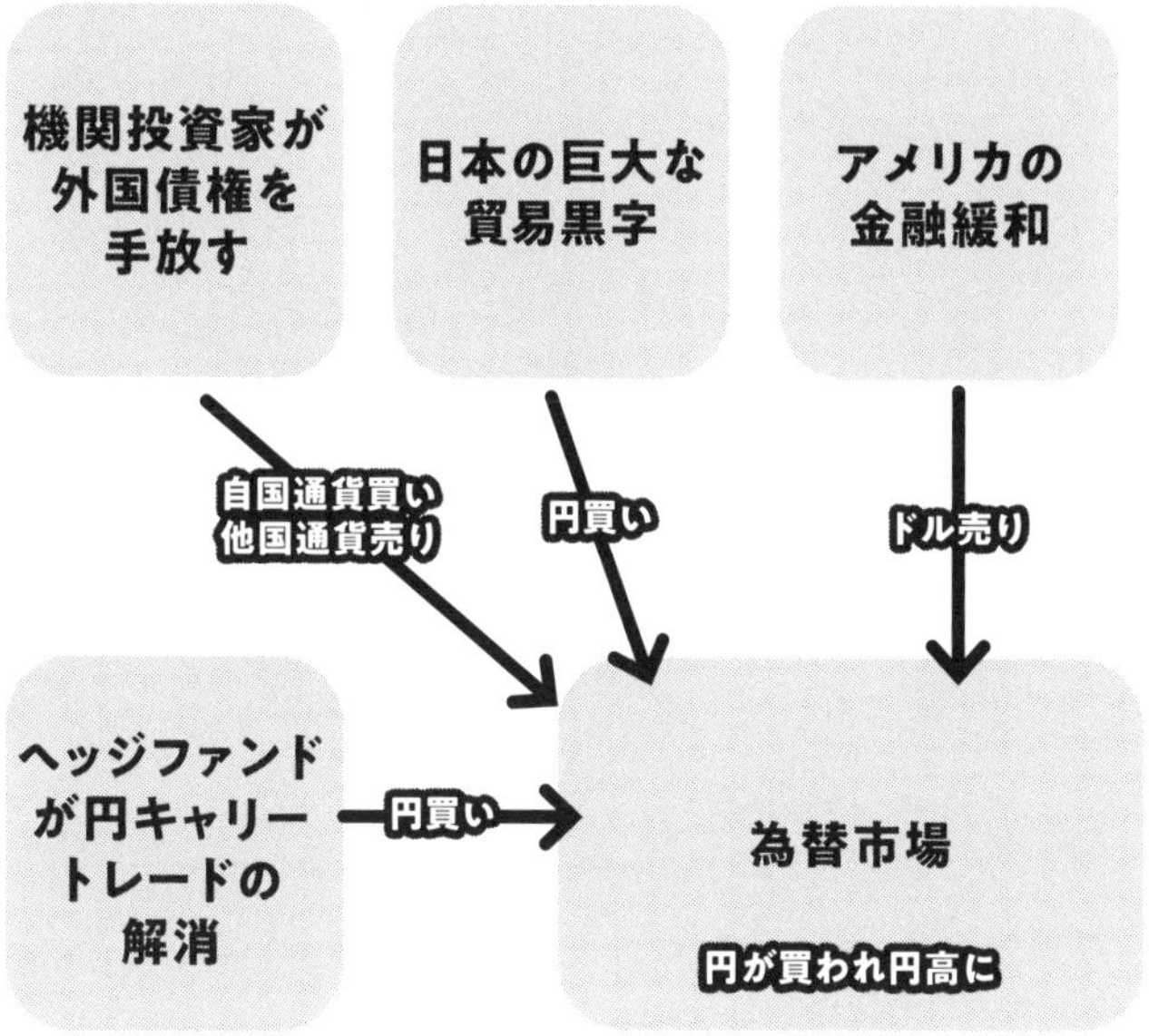
機関投資家が外国債権を手放す
日本の巨大な貿易黒字
アメリカの金融緩和
自国通貨買い
他国通貨売り
円買い
ドル売り
ヘッジファンドが円キャリートレードの解消
円買い
為替市場
円が買われ円高に

円が買われる状況だったことが円高につながりました
円は買われているのに外貨は売られていたんですね

下げたのと同様に他国も金利を下げたため、国債を手放す（＝通貨売り）投資家が増えました。一方で、日本はもともと金利が低かったことから、海外と比べ円売りがされず、相対的に円需要が増え、円高になりました。

④の円キャリートレードというのは、円で資金を借り入れて、高金利国の金融資産で運用する取引です。円が利用されているのは、円が世界的にも低金利通貨であることが理由となっています。円の金利が低いため、円で借り入れをして高金利国の金融資産などで運用し、運用益に加えて金利の利ざやを獲得しようとする取引が行われます。

リーマンショック前は円キャリートレードが海外のヘッジファンドを中心に盛んに行われていましたが、リーマンショック時は金利を下げた国が多かったことで、円キャリートレードを解消する動きが増えました。そのため、外貨を円に換える（円買い）取引が増え、円高圧力が強まりました。

このようにその時々の世界経済の状況によって、投資家の動向も変わり、為替相場にも影響を与えるのです。

円キャリートレードのしくみ

円キャリートレードの買い付け

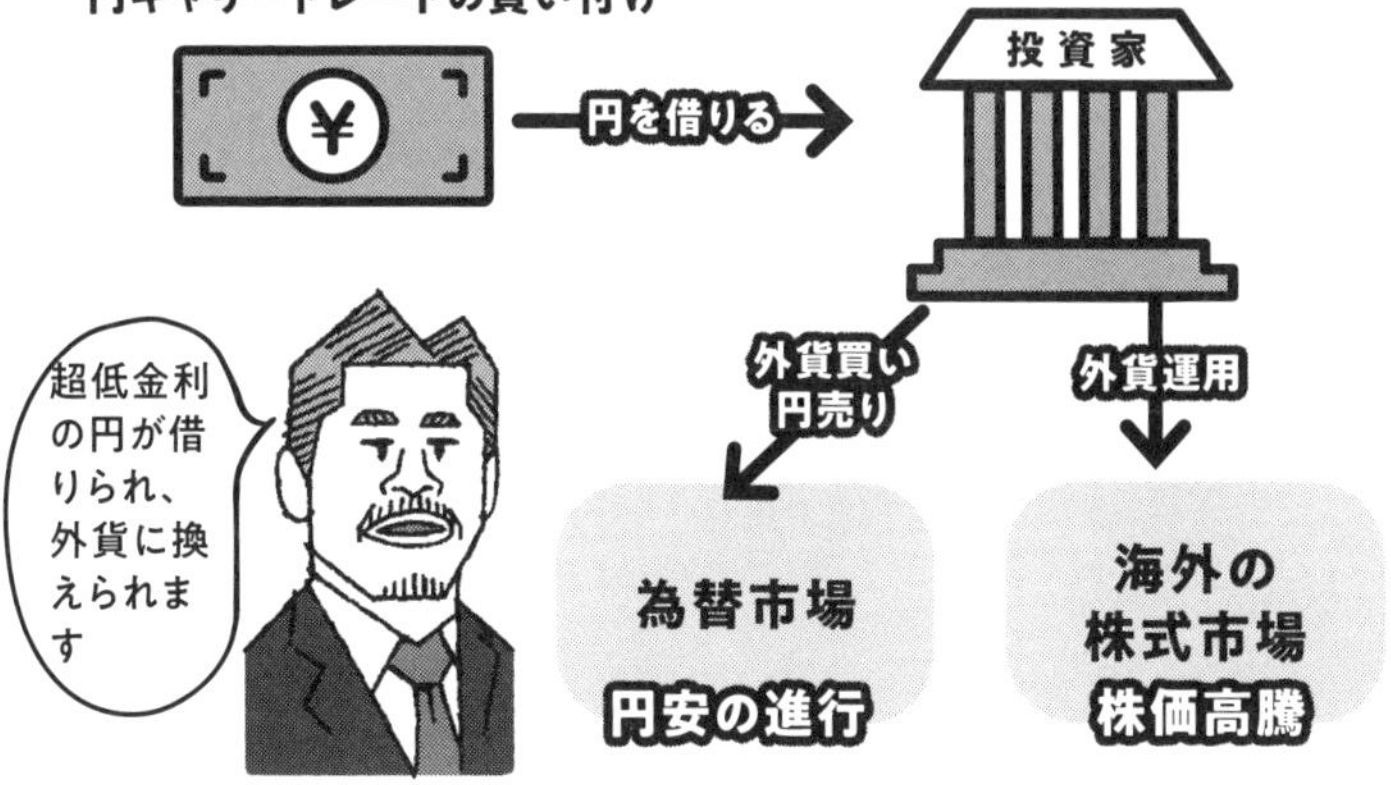

円キャリートレードの解消

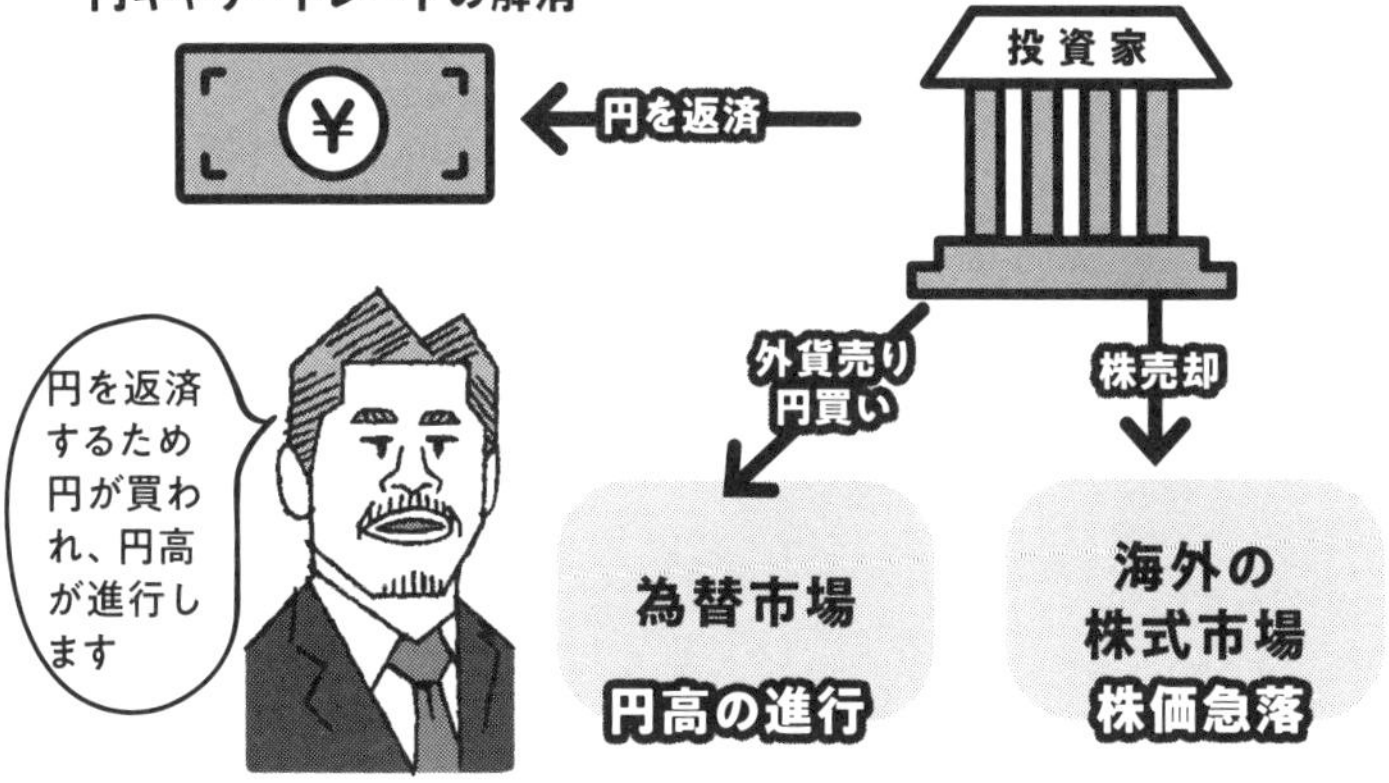

Q リーマンショックとコロナショックでは なぜ動きに違いがあるの？

A 世界中の投資家の動きが異なったためです。

２０２０年に新型コロナウイルスが感染拡大したことで、都市のロックダウンや渡航禁止処置により、世界的に不景気になりました。しかし、リーマンショックのときのように急激な円高にはなってはいません。コロナが社会問題になり始めた２０２０年２月～３月のドル円レートをみると、一時的に乱高下する場面もありましたが、２０２１年初めごろまでは円高が進行したものの、リーマンショック時に比べると変動幅は少なかったのです。

１１８ページで紹介したリーマンショック時の円高になった原因（①～④）とコロナショック時の状況を比較してみましょう。

リーマンショック時にはアメリカの長期金利が大きく低下し、日本とアメリカの金利差が大幅に縮小したことが円高圧力になりました。コロナショック時も緊急利下げが行われましたが、ショック前のアメリカの金利水準が低かったため、リーマンショック時ほどの2国間の金利差縮小が起こらず、ドル安圧力が限定的でした。

前項②の輸出企業による円買いについても、2019年の貿易黒字は約6000億円とリーマンショック時のように大幅黒字ではないため、輸出企業が追随して円買いを行っても、当時ほど円高にはなりませんでした。

前項③についても、前項①と同様に各国の金利引き下げ幅が小幅にとどまったため、リーマンショック時のような、相対的に円が売られる量が少ないという状況にはなりませんでした。

前項④の円キャリートレードについては、コロナショック前はそもそも円キャリートレードが活発でなかったので、世界の投資家も円を買い戻す必要がなかったため、円高になりにくい状況でした。

また、リーマンショック時に比べ内外の株価の回復が早く、リスクオフ的な円買い需要があまりなかったことも原因のひとつです。

このように、状況によっては、同じ世界不況でも結果が異なることもあります。とくに世界不況前の各国金利や機関投資家の動きによって、その後の投資行動が変わります。

コロナショック時のドル円の動き

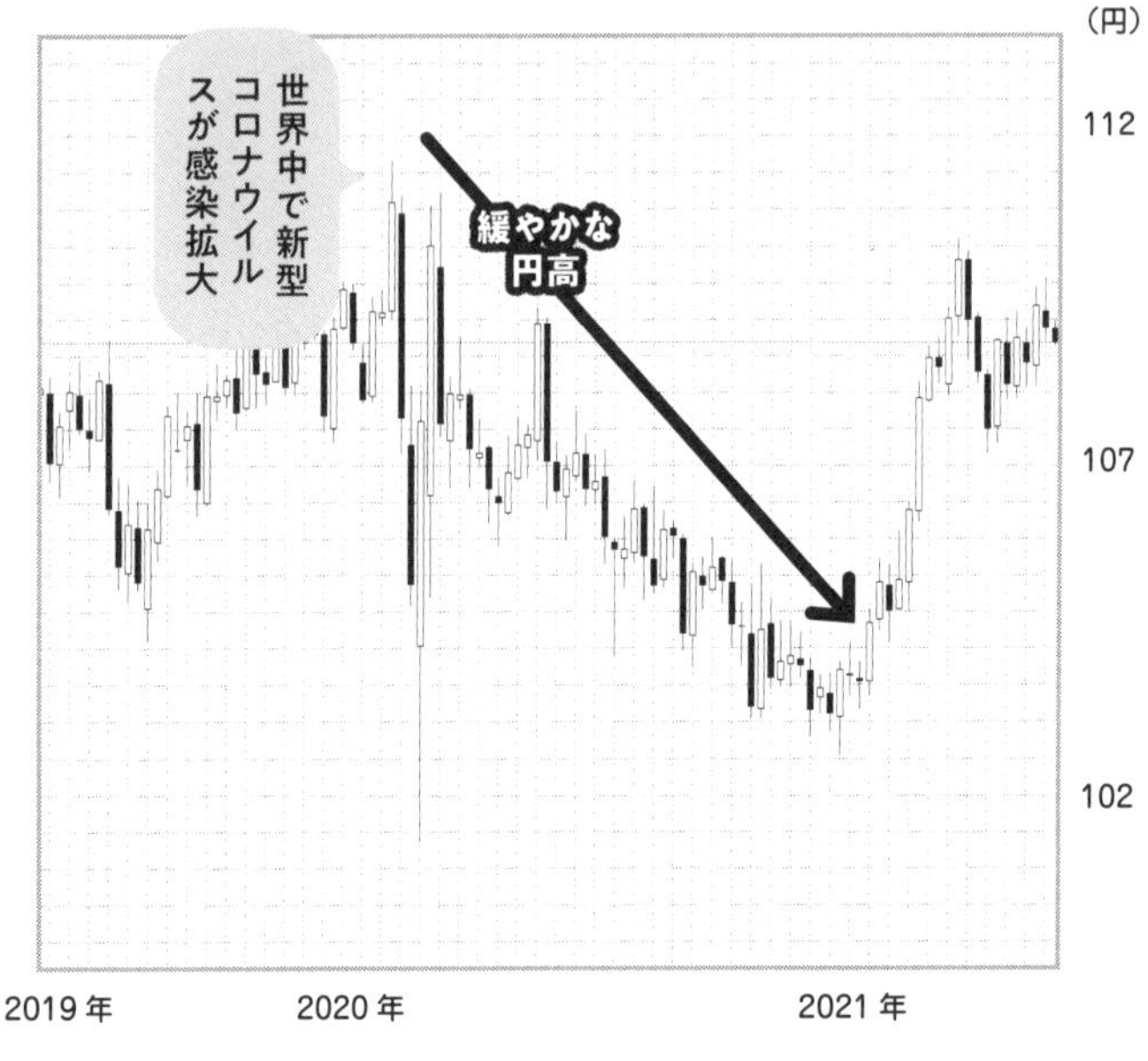
(円)
112
107
102
世界中で新型コロナウイルスが感染拡大
緩やかな円高
2019 年
2020 年
2021 年

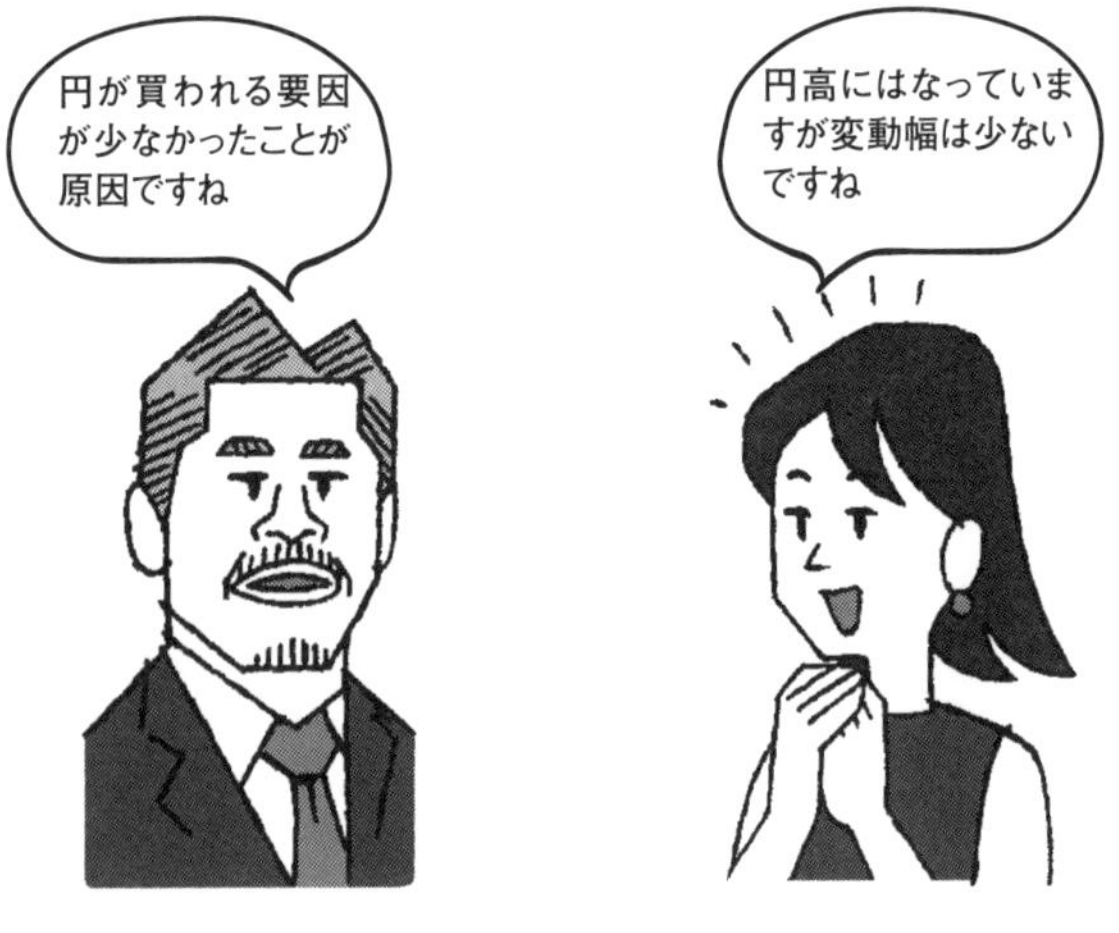
円が買われる要因が少なかったことが原因ですね
円高にはなっていますが変動幅は少ないですね

Q 為替相場とゴールド相場の関係って？

A 逆相関の関係にあります。

世界的な景気によって為替相場は上下しますが、それは投資家の投資状況によるものだということはおわかりいただけたでしょう。

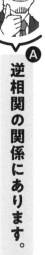

これは通貨だけでなく、そのほかの資産に対しても同様です。不景気の際、投資家はその国に投資している株式や債券などから資金を引き上げることが多い傾向にあります。これは、企業の先行きが不安になったり、各国の金利の引き上げ下げが行われたりすると、投資を続けるにはリスクが高いと判断するためです。

それでは、引き上げた資金はどこに行くのかを考えてみましょう。現金でもっているのが安心と考える人がいるかもしれませんが、投資家たちが株式や債券などから資金を引き上げることは、その国の通貨が売られることになります。つまり、通貨の価値は下がる可能性があるため、現金で持っているのもリスクが高いといえます。

ということは、不景気時には、景気に左右されないリスクの低い商品に資金を投入しようと考えます。その対象として選ばれやすいのは金（ゴールド）です。ゴールドは世界中のどこでも通用し、ゴールド自体に価値があります。たとえば、アメリカや日本などがどんなに不景気になってもゴールドは有用な資産になるため、ゴールドの需要が増えていきます。その結果、ゴールドの価値は高まります。

ゴールドの需要が高まるということは、通貨が売られゴールドが買われます。このときの動きとして、株式や債券と異なるのは、ゴールドはどこかの国に属しているものではないという点です。株式や債券ならそれらが属している国の通貨の価値が高まりますが、ゴールドの場合はいくら買われてもどこかの国の通貨の価値が高まるということにはなりません。

では、ゴールドの取引によって通貨の価値が変わらないのかというとそんなことはありません。通貨は売られているので、通貨安になり、その代わりにゴールド高になるわけです。

たとえば、ドルで大量にゴールドを買えば、ドル安・ゴールド高になります。このとき、円やユーロでもゴールドを買っている場合、ドルや円、ユーロがお互いに対して通貨安にも通貨高にもなっていなかったとしても、ゴールドに対しては価値が下がっていることになります。

つまり、表面上、ドル円やユーロドルの為替レートが変わっていなかったとしても、通貨そのものの価値は下がっていることになります。

一方、不景気から脱却すると、再び株式や債券に投資されやすくなるため、ゴールドを通貨に換え、株式や債券を購入する行動が起きます。これにより、通貨高・ゴールド安になります。

このように、ゴールドのような世界の景気に影響されない資産は不景気時に買われやすい傾向があります。たとえば金と同じ資源であるプラチナや仮想通貨（暗号資産）などもそれにあたります。プラチナにしても仮想通貨にしても、どこかの国に属しているモノではないので、世界的に不景気になってもその価値は下がりにくいと考えられているためです。

実際、コロナウイルスが世界中で感染拡大したときは、仮想通貨や金が買われています。

第5章

為替相場を動かすプレーヤーってなにをするの？

さまざまなプレーヤーが通貨を売買することで、為替相場を動かしています。なかには、金利を操作したり為替介入を行う中央銀行や、巨額の資金を動かすヘッジファンドも為替相場に対して強い影響を与えるプレーヤーもいます。

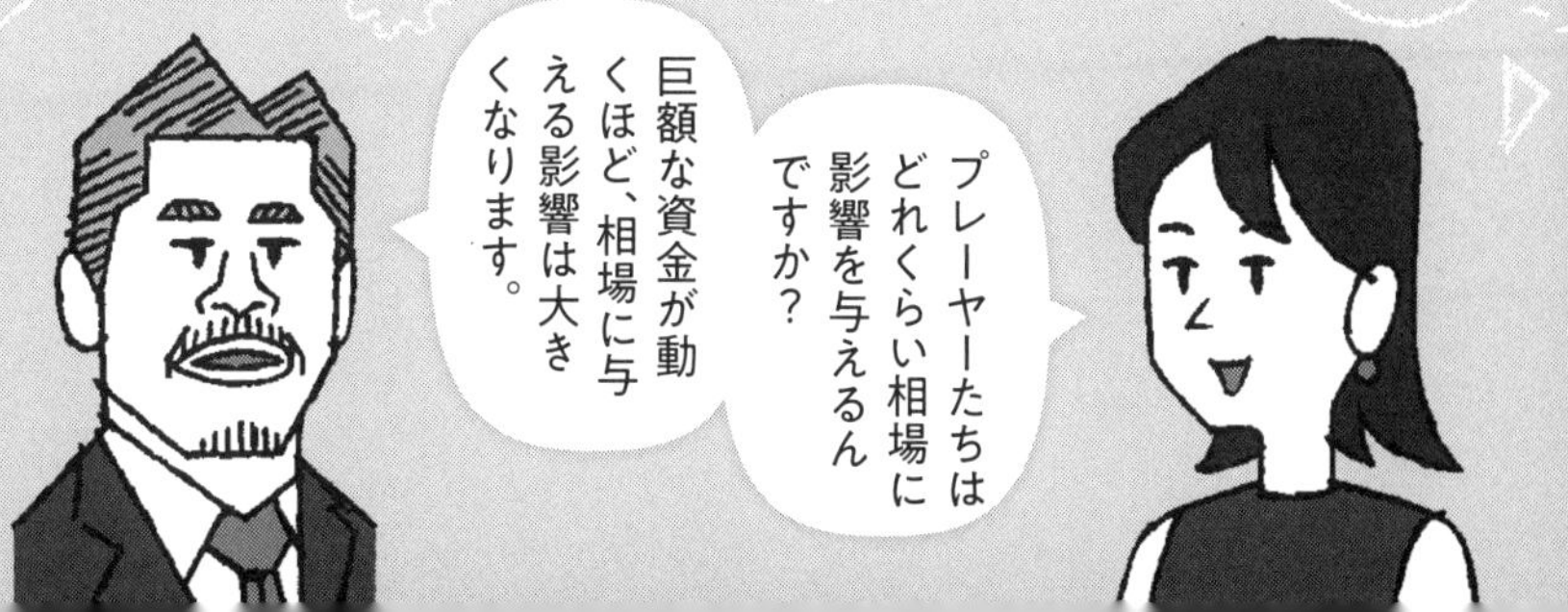

プレーヤーたちはどれくらい相場に影響を与えるんですか？
巨額な資金が動くほど、相場に与える影響は大きくなります。

相場参加者たちはどんな影響を与えるの？

外国為替市場にはさまざまなプレーヤーがいるとのことでしたが、その力関係はどうなっているんですか？

もっとも力が強いのは金利を操作したり、為替介入が行える中央銀行ですが、状況によってはほかの参加者たちの影響で大きく変わることもありますね。

それは、どんなときですか？

機関投資家は短期間に巨額な資金を動かすので、短期的に為替相場に影響を与えることがあります。

長期的には変わらないんですか？

場合によります。たとえば、その短期的な動きを受けて、ほかの投資家が追随した場合は、長期的な流れを作る可能性はあります。

個人投資家は影響を与えたりするんですか？

さすがにドルや円、ユーロなどの主要通貨には大きな影響を与えません。ただ、新興国通貨など流通量が少ない通貨だと、個人投資家たちが一気に売買したら影響を与える可能性はあります。

それはなぜですか？

流通量が少ないと、買いたい人が多い一方で、売りたい人が少ないときは極端に通貨高になったり、その逆になることがあるからです。

Q 中央銀行ってどれくらいの力を持っているの？

A 金利を管理して、相場を動かせる大きな力を持っています。

これまで説明したように政策金利は為替相場において重要な位置づけがされています。その**政策金利を管理している中央銀行は為替相場において大きな影響力を持ちます。**

基本的に中央銀行の役割は物価の安定をはかり、国の経済の健全な発展を支えることです。そのため、市場を混乱させるようなことは行いません。

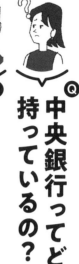

たとえば、景気が過熱しインフレになりそうなときに、中央銀行が政策金利を引き上げます。これにより、企業の借り入れが減るので景気の過熱を抑えることにつながります。逆に、不景気のときは、デフレにならないようにするために政策金利を引き下げることで、企業の借り入れを増やし、景気を刺激します。

ただし、政策金利の引き上げや引き下げは中央銀行の思いどおりの数値にできるのかという

世界の中央銀行と政策金利

国名	中央銀行	政策金利の名前
日本	日本銀行	無担保コール翌日物レート
アメリカ	連邦準備制度理事会（FRB）	フェデラルファンドレート
EU	欧州中央銀行	短期オペ最低応札レート
カナダ	カナダ銀行	翌日物銀行間レート
スイス	スイス国立銀行	3カ月物スイスフラン建てLIBOR
オーストラリア	豪準備銀行	オフィシャルキャッシュレート

意外と知られていなかったりするんですよね
政策金利ってそれぞれ名前があったんですね

と必ずしもそうではありません。たとえば、「明日から政策金利を1％にします」と決めたとしても、その金利での貸し借りを市場参加者に強制することはできません。そのため、政策金利を引き下げたり、引き上げたりするときは、公開市場操作という手段を使って、目標の数値に誘導します。

日本の場合、銀行をはじめとした金融機関だけが参加できるインターバンク市場のひとつ、「コール市場」において短期の資金を融通しあっています。このコール市場で、「借りたお金を翌日に返す金利」のことを「無担保コール翌日物レート」と呼びます。この無担保コール翌日物レートが実質的な政策金利になります。

日銀はこの市場に参加して、市場に国債などの有価証券を売却することで金利を引き上げたり、有価証券を買い取ることで金利を引き下げて目標数値に誘導します。このような手法のことを公開市場操作と呼びます。

また、**中央銀行は金利操作以外にも為替介入を行う**ことで、為替相場に大きな影響を与えます。為替介入とは、為替レートが経済の実態と乖離している状態や短期間のうちに大きく変動したときに、為替相場の安定を目的として外国為替取引を行うことです。為替介入で使われる資金は57ページで説明したように外貨準備から用いられます。

公開市場操作のしくみ

コール市場に対して中央銀行が有価証券を売買することで金利を誘導する

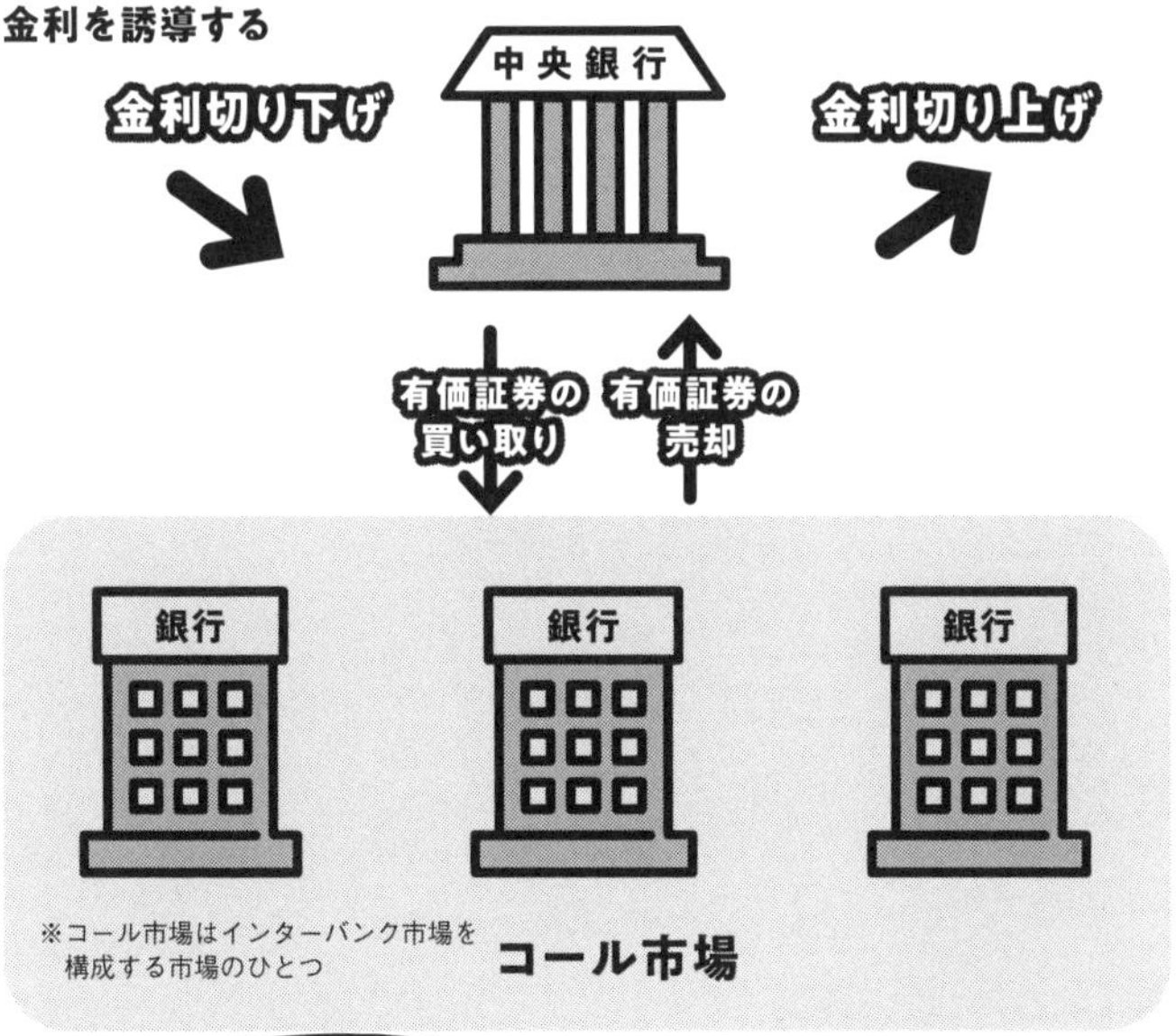
中央銀行
金利切り下げ
金利切り上げ
有価証券の買い取り
有価証券の売却
銀行
銀行
銀行
※コール市場はインターバンク市場を構成する市場のひとつ
コール市場

貸せるお金が多い状況になると、その分、借り手が減ります。借り手が多くなるよう金利を下げるなどして変えていくのです
なんで有価証券の売買で金利が変わるんですか?

為替介入は為替レートに影響を与えるだけでなく、為替相場の水準に対する中央銀行の見方を明らかにするので、市場参加者の予想形成に大きな影響を与えることになります。

日本においては、財務大臣の権限において実施され、財務省のホームページで為替介入の実施状況が確認できます。

また、為替介入には、一国のみが行う単独介入と、関係国が協力して行う協調介入がありま す。協調介入は為替相場の急激な乱高下で世界経済が混乱することの阻止を目的として、為替レートを適正に安定させるために行われます。

過去には、2011年3月に東日本大震災の発生による急激な円高に対する対応としてG7(フランス、アメリカ、イギリス、ドイツ、日本、イタリア、カナダ)が2兆円以上の協調介入を行い1ドル=76円台から81円台にまで回復させました。

このように、中央銀行は、平時はあまり影響力がありませんが、為替レートに異常が起こると、為替介入によって為替レートの流れを変える力があります。

また、各国の中央銀行などの関係者が実際に市場に資金を投入することなく、言葉だけで外国為替相場の動きを変えようとすることもあります。

たとえば、政府高官が、為替の水準が一定の方向に動いて欲しいといった発言をしたり、ま

過去の主な協調介入

きっかけ	年月	内容
プラザ合意	1985年9月	G5（日本、アメリカ、イギリス、ドイツ、フランス）によるドル売り協調介入で、1ドル=240円台から150円台に
ルーブル合意	1987年2月	プラザ合意によるドル高が行き過ぎたため行われたが、失敗
円高（ドル円最安値）	1995年7月	ドル円レートが最安値を付けたことから円高を阻止するために、日米協調介入が実施され円安方向に回復
ユーロ導入	2000年9月	ユーロの一本調子の下落に対する対応として、G7が協調介入
東日本大震災	2011年3月	急激な円高に対して、G7が協調介入を実施し、ある程度回復

世界経済の混乱を阻止するためのものですからね
思ったより行われた回数は少ないですね

たは介入の実施を示唆するような発言をすることで、市場参加者の取引を誘導します。

このようなことを「口先介入」と呼びます。基本的に複数の国が協力して行うものではなく、各国の思惑によって行われることが多い傾向があります。

Q ゼロ金利政策ってどういうこと?

A 政策金利をゼロにして、景気に刺激を与える政策です

不景気になると中央銀行は政策金利を下げるという説明をしましたが、金利は0%まで下がると、それ以上の引き下げは難しくなります。ニュースなどで「ゼロ金利政策」という言葉を聞いたことがあるかと思いますが、これは**金利を実質0にまで下げること**を指します。

政策金利を0%にすることで、銀行は資金を調達するのにコストがかからなくなるため、企業への融資がしやすくなり、お金の流れが活発化し、景気を刺激する効果が得られます。日本では、1999年2月に無担保コール翌日物の金利を史上最低の0・15%に誘導することを決定し、当時の日銀総裁の速水優総裁が「ゼロでもよい」と発言したことから「ゼロ金利政策」と呼ばれるようになりました。

しかし、金利を0%にしても景気が良くならない場合は「量的緩和政策」というものが行わ

量的緩和政策のしくみ

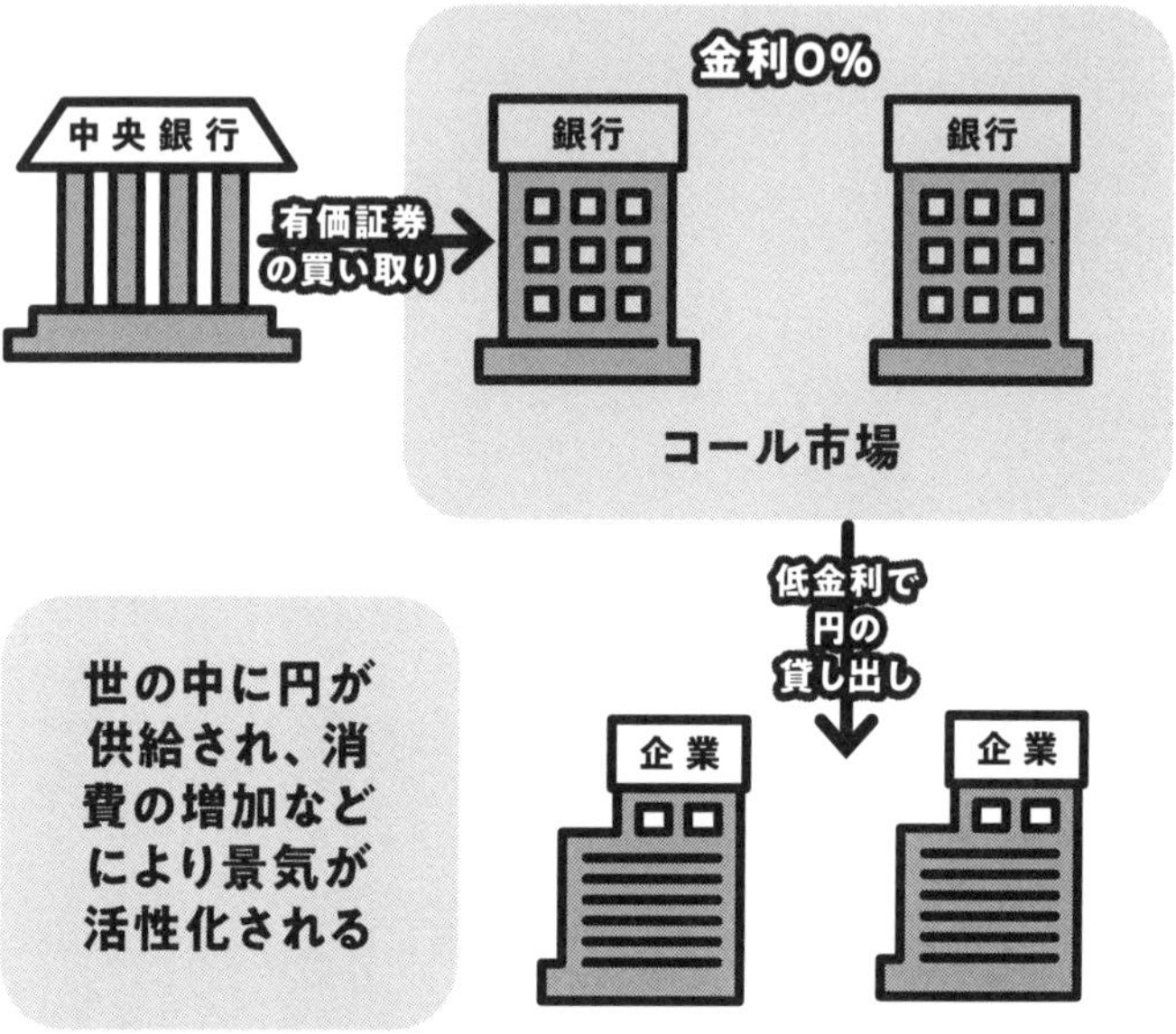
金利0%
中央銀行
有価証券の買い取り
銀行
銀行
コール市場
低金利で円の貸し出し
企業
企業
世の中に円が供給され、消費の増加などにより景気が活性化される

お金を循環させて景気を活発にさせるんですね!
ただ、銀行がすべてのお金を出回らせるわけではないのでそう上手くいかないこともあるんですよね

れます。量的緩和政策とは、金利を0%まで下げて、さらにコール市場で国債などの有価証券を買い取ることで、銀行にお金を供給する政策です。銀行にお金を供給することで、世の中に出回るお金の量を増やし、景気を活性化させることが目的です。

量的緩和政策が行われると「通貨が希薄化」し、通貨安になると言われています。たとえば、10億円と1000万ドルが流通している地域があるとします。この地域では、1ドル＝100円だったとします。その状態でさらに外から10億円が持ち込まれたら1ドル＝200円になり結果としてドル高・円安になるという考え方です。

しかし、実際のところこの考え方どおりに通貨の変化は起きていません。量的緩和政策は2001年～2006年に日本で行われましたが、円安にはなりませんでした。また、2008年にアメリカで行われたときはドル安になったものの、量的緩和政策が作用したものではないという見方が一般的です。

なぜ通貨安にならなかったのかというと、銀行にお金を供給しても、銀行がすべてのお金を世の中に出回らせるわけではないからです。お金が出回らなければ通貨の希薄化にはなりません。

とはいえ、為替市場の参加者が「通貨の希薄化が起こるのではないか」と思い込んで動くと、

2001年～2006年のドル／円のチャート

(円)
134
117
100
83
2001年から日本で
量的緩和が開始
円安方向に
動いていない
2001 年
2002 年
2003 年
2004 年
2005 年
2006 年

銀行がすべてのお金を出回らせなければ、円安にはなりにくいですね
2001年からの3年くらいは、むしろ円高になっていますね

為替相場にその影響が出てしまう可能性はあります。

これまで説明したように、為替相場は参加者が売買することでも変動します。量的緩和政策によって通貨安にならなくても、量的緩和政策が行われることを知った為替相場参加者の売買によって通貨安になる可能性もあります。

そのため、為替市場参加者がどのように捉えるのかを見極める必要もあります。

Q

出口戦略ってなんですか？

A

量的緩和政策やゼロ金利政策を終了させるための戦略です。

量的緩和政策やゼロ金利政策の目的は景気の回復なので、景気が上向いて来れば終了します。為替相場参加者がこれらの政策のおかげで通貨安になったと考えていた場合、政策が終了するタイミングで通貨が買われ、通貨高になる可能性があります。

そのため、**日銀や財務省は経済や為替に大きな混乱が起きないように突然、量的緩和政策やゼロ金利政策を終了するのではなく、左ページ図のように段階を踏んで政策を終わらせます**。このような手続きを「出口戦略」と呼びます。

このときの為替市場の動きとしては、実際に金利が引き上げられたときよりも、量的緩和政策が終わりそうだという予想や金利が上がりそうだという気配が出てくると、通貨買いをする動きが出てきます。これらは、日銀や財務省関係者の発言や経済指標などから判断しています。

出口戦略の手順例

目標数値の改善

↓

量的緩和政策を終了

↓

コール市場で有価証券の売却を行う

↓

ゼロ金利を維持する姿勢を見せる

↓

利上げを行う

↓

景気動向を見守りながら、低金利を維持

経済や市場に混乱が起きないように、急な動きはしないようにしていますね
なんだか、こっそりやってるみたいですね

ただし、量的緩和政策が実施されてから、出口戦略が実施されるまでには、長い年月がかかります。

たとえば、アメリカで2008年に行った量的緩和政策の出口戦略は、2013年5月にバーナンキFRB議長（当時）が金融緩和の縮小の可能性を示唆したものの、世界の金融市場が一時混乱したため、実行には移されませんでした。その後、2014年に米国の量的緩和が完全に終了し、2015年12月に9年半ぶりとなる利上げが行われました。

このように出口戦略はせっかく量的緩和政策によって回復した景気が再び落ち込まないように慎重に行われます。

Q
投機取引ってどんな取引？

A
価格変動を狙って短期間で行う取引です。

短期的な価格変動による差益を狙った取引を「投機」と呼ぶのが一般的です。

たとえば、今１ドル＝１００円、来週には１ドル＝１０５円になるだろうから、今のうちにドルを買い、１ドル＝１０５円になったタイミングでドルを売れば、その差額５円が利益になります。

逆に１ドル＝１００円のときにドルを売り、１ドル＝95円になったタイミングでドルを買うことで差額５円が利益になる取引も行います。

投機取引は個人からヘッジファンドまでさまざまな投資家が行っており、為替取引の８～９割以上の取引高は投機取引だと言われています。

こう聞くと、投機取引の影響は巨大なものと思うかもしれませんが、実際のところは短期的

投機取引のしくみ

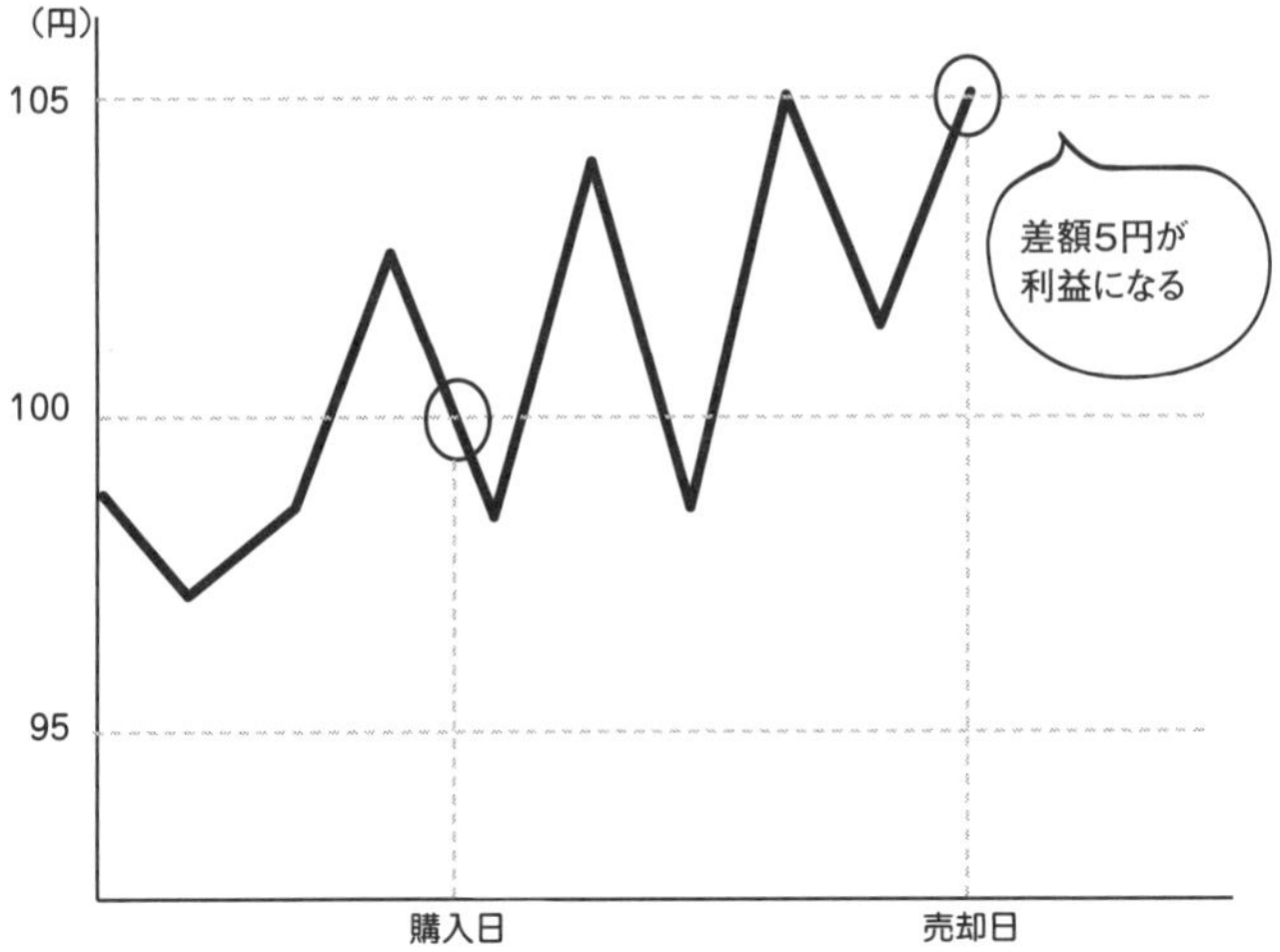

(円)
105
100
95
差額5円が
利益になる
購入日
売却日

個人投資家から銀行、ヘッジファンドなどさまざまな投資家が行っています
通貨を売買して差額を狙うんですね!

な影響はあるものの、長期的な影響はあまりないとされています。

投機取引で利益を得るためには、通貨を買った後に売る、売った後に買うという取引が行われます。つまり、どんなに大量に通貨が買われたり売られたりしても、最終的には同じ量の通貨が売られたり買われたりします。その結果、売買量は同じ量になるので、投機取引による為替レートへの影響はあまり大きなものにはなりません。

なお、投機取引は短期間のうちに売買が行われるので、為替相場の中長期的な流れにはあまり影響を与えないと考えられています。

投機取引の対となるのが83ページでも説明した実需です。実需は為替取引の1～2割程度ですが、投機取引とは違い、「買った後に売り戻す」や「売った後に買い戻す」のような取引は行わず、買い切り、売り切りの取引が多いです。そのため、中長期的な為替相場の方向性を決めるのは実需によるものだと言われています。

Q 投機取引は意味がないの？

A 取引量を安定させるためになくてはならない存在です

投機取引は中長期的な為替相場に大きな影響は与えないと説明しましたが、外国為替市場において重要な役割を持っています。

為替相場の方向性を決めるのは実需ですが、それだけでは取引量が足りず、市場が安定しません。**投機取引による膨大な取引によって、流動性を確保し、市場を安定させています。**

もし、投機取引が禁止された場合、為替の取引量が大幅に少なくなります。そうすると、貿易業者などが為替取引をしたいのに取引する相手がいない事態に陥ってしまいます。

たとえば、ドルを買いたいのに取引相手が少ない状況になると、価格を釣りあげてもドルが欲しい人が出てくるので、ドルの価値が極端に高まってしまいます。逆にドルを売りたいのに取引相手がいないと、足元をみられてドルの価値は極端に下がります。

また、貿易会社はドルと円を交換したいのに、手に入らず資金繰りに行き詰まってしまう可能性もあります。

このように、為替市場を安定させるために投機取引は無くてはならない存在です。

Q 機関投資家って為替相場に影響を与えるの？

A 銀行に次いで大きな影響を与えます。

為替相場において、銀行に次ぐ存在感を持つのが機関投資家です。機関投資家とは生命保険会社、損害保険会社、投資信託、年金機構などのことを指します。**顧客から集めた巨額な資金を運用するので、為替市場だけでなく、債券市場、株式市場などにも大きな影響を与えます。**

機関投資家の特徴は投機取引が多く、短期的に巨額資金を動かします。そのため、為替相場の方向性を決定づける要因のひとつになることもあります。

たとえば、ドル円が安定的な動きをしているときに、機関投資家が大量のドル買いを行ったとします。そうすると、短期的にドル高円安に動きやすくなります。その動きを見て、ドルが高くなる＝ドルを持てば儲かるかもしれないと考え、ほかの機関投資家や個人投資家がドルを買い出すと、ドル高・円安要因になる可能性は高くなります。

つまり、機関投資家による巨額投資そのものは短期的な相場の方向性を決める力になりますが、その動きを見たほかの市場参加者の動きが為替相場の方向性を変えるきっかけになる可能性もあります。

また、ドルやユーロ、円などの取引量が多い通貨なら巨額資金とはいえ、為替市場全体の流通量からすると自由に操作できるほどの金額ではないので、相場の方向性を変えられるような力はありませんが、新興国などの流通量が少ない通貨に巨額資金を投入されてしまうと、大混乱が起きてしまう可能性もあります。

実際に1997年に発生したアジア通貨危機では、機関投資家による通貨の空売りがきっかけで大規模な通貨安が発生しました（詳しくは200ページ参照）。

Q ヘッジファンドってなんですか？

A 巨大資金を用いて取引を行う組織です。

ヘッジファンドとは、さまざまな取引手法を駆使して市場が上がっても下がっても利益を追求することを目的としたファンドです。

ヘッジファンドは154ページで紹介した機関投資家の一種として数えられることもあります。厳密な定義づけがないですが、**ハイリスク・ハイリターンを目指して運用するファンドを指す場合がほとんどです。**

ファンドには元来「基金」や「資金」といった意味がありますが、一般的には資産運用のための金融商品やそのような商品を運用する会社を表す言葉として使われています。証券会社などで個人で購入できる「投資信託」もファンドの一種です。ヘッジ（hedge）は直訳すると「避ける」という意味で、相場が下がったときの資産の目減りを避けるといったところから

投資信託とヘッジファンドの違い

	投資信託	ヘッジファンド
対象投資家	一般投資家	機関投資家・富裕層
投資金額	100円から	数千万円～数億円
投資対象	株や債券など	株や債券、先物、オプションなどのデリバティブ
収益目標	相対収益	絶対収益
レバレッジ	基本的になし	高いレバレッジを設定して取引

※レバレッジとは、担保となる保証金の何倍もの金額を取引することができる仕組みのこと

対象投資家を絞っている場合もあります
投資金額が全然違いますね

用いられています。

証券会社などで売られている投資信託は公募投信といって広く一般に募集されますが、ヘッジファンドは私募投信といって富裕層や機関投資家など限られた人のみが出資して運用するファンドがほとんどですが、最近では、ヘッジファンドを投資対象とした投資信託もあります。

ヘッジファンドも巨大な資金を武器に投機取引を行いますが、ほかの機関投資家と同様に短期的な取引が多いため、影響を与えたとしても短期的な為替相場に限ります。

ただし、状況によっては大きな影響を与えることもあります。近年において最大の金融危機であったリーマンショックですが、もともとはサブプライム住宅ローン証券を大量に購入していたアメリカ第5位の投資銀行「ベアー・スターンズ」系のヘッジファンド2社が経営破綻したことがきっかけでもあります。

Q 個人投資家って為替相場に影響を与えるの？

A 状況によっては影響を与えます。

個人投資家も場合によっては、為替相場に影響を与えることがあります。

取引量そのものを見ると、機関投資家やヘッジファンドなどがほとんどを占めているので、個人投資家の力は弱いと言わざるを得ません。

ただし、状況次第では為替相場に影響を与えることもあります。たとえば、**為替相場が通貨高か通貨安のどちらかに大きく振れたとき、個人投資家もその流れにのって、売買を行うので、その流れを加速させる可能性があります。**

たとえば、1ドル＝100円のときに急激に円安になり、1ドル＝110円になった場合、円がさらに安くなりドルが高くなることを期待して円を売ってドルを買う人が増えます。その結果さらにドル需要が高まるので、円安・ドル高が加速します。

実例としては、日本で法整備などが行われ、ＦＸブームとなった２００７年ごろは「円を売って外貨を買う」キャリートレードが盛んに行われていたため、円安を大きく加速させました。

また、取引量が少ない新興国の場合は、個人投資家の力でも動くことはあります。金利が高い新興国は個人投資家に人気がありますが、政情が不安定なため、なにか事件があると一気に売られることがあります。

FXブームによる円安

(円)
136
126
116
106
96
86
2003年
2005年
2007年
FXブームの影響で円安が加速した

FXブームであったことと同じ取引をする人が多かったのでこのような結果になりました
個人投資家が為替相場に影響を与えたんですね

第6章

過去のドル円の動きを教えてください

1871年から使われ始めた「円」は当初、1円＝1ドルのレートでしたが、国内外の政治や経済危機の影響を受けその都度、変動してきました。これまで、どんな事件が起きて、それが円にどんな影響を与えたのかを見ていきましょう。

過去のドル円ってどんな動きをしてきたんですか?
1円から360円まで大きく動いてきました。

ドル円はこれまでどんな動きをしてきたんですか？

過去の為替ってどんな動きをしていたんですか？

政治や経済危機など様々な事象に端を発し、国や投資家それぞれの思惑でさまざまな動きをしてきました。それこそ一言では言えません。

ちなみに、ドル円はどれくらいの価格になったことがあるんですか？

過去をさかのぼると1ドル＝1円の時代や1ドル＝360円の時代もありました。

1円に360円⁉　そんな時代もあったんですね！

最近だと100～110円程度で推移しているイメージがありますが、10年前でも70～80円ですからね。

10年後にはまた変わってる可能性はあるっていうことですね。

日本だけの問題ではなく、世界のどこかで事件が起きると、為替に波及していきますからね。

海外で起こったことが、日本にも影響があるんですか？

そもそも、関係のない国を見つけるのが難しいです。為替市場にいるプレーヤーは世界中にいて、その動きで為替が変動します。世界のどこかで事件が起きれば、何かしらの影響はあります。

なるほど。

では、過去にどんな事件が起きて、為替にどんな影響があったのかを説明しましょう。

Q
円はいつから使われるようになったの？

A
1871年に円が誕生し、外貨と交換されるようになりました

円とドルが交換されるようになったのは、1871年5月1日に「新貨条例」の交付によって円が通貨として正式に使われるようになった時代までさかのぼります。江戸時代の貨幣制度は、金・銀・銅貨など多くの種類が流通していましたが、作られた時期によって貨幣の質も異なっていたため、同じ額面でも価値が違っていたともいわれています。貨幣状況の混乱を収めるために新貨条例が交付されたのです。

新貨条例により、金本位制と呼ばれる正貨（額面と同じ価値をもった貨幣）を金貨とする通貨体制をとることになりました。金本位制とは簡単にいうと、1万円札を持っていけば、国が1万円分の金と交換してくれる通貨体制です。金本位制は価値が変動しにくい金によってお金の価値を定めることで信用性を保たせることが狙いです。当時は、欧米諸国が金本位制のもと

新貨条例とは

内容
純金1.5グラムを円、円の100分の1を銭、銭の10分の1を厘と規定する。
金貨を本位とし、1円金貨は量目25.72グレイン、純金量23.15グレイン=0.4匁=1.5グラムと規定する。
これまでの1両は、新貨幣1円と名目上は等価とする。
貿易通貨として1円銀貨を鋳造する。貿易銀100円につき本位金貨101円を交換比率とする。

質量の単位です1グレイン=0.06479891グラムです
グレインってなんの単位ですか?

で経済活動を行っていたため、列強の仲間入りをするためには、金本位制を導入することが不可欠でした。

当時の円は１・５グラムの純金が含まれていました。アメリカの１ドルには１円とほぼ同量の純金が使われていたため、ドル／円相場は１ドル＝１円強でした。

また、欧米諸国は金本位制でしたが、当時の日本の主要な貿易相手国である中国をはじめとするアジア諸国は銀本位制を採用している国が多かったため、貿易通貨としては貿易１円銀貨も作られていました。貿易通貨である貿易銀１００円は金本位１０１円で交換されていました。

もともと貿易のために作られた銀貨ですが、１８７８年から日本国内でも流通が認められた結果、事実上の銀本位制ともいえるほどの状態になってしまいました。これは、金の準備が不足していたので、金本位が名目と化していたためです。

その後、１８７７年に発生した西南戦争の戦費をまかなうために「不換紙幣」と呼ばれるお金が大量に発行されました。不換紙幣とは、金や銀と交換することはできず政府の信用で流通するお金のことです。その特徴から「信用紙幣」と呼ばれることもあります。不換紙幣が大量に発行されたことにより、日本はインフレになり、１８９４年ごろには１ドル＝２円程度にまで円安になりました。

それを改めるべく、1897年に「貨幣法」が施行されました。これは、日清戦争後に清から得た賠償金3500万英ポンド分の金を準備金として金0・75g=1円に改めるというもので、これにより、ようやく金本位制となりました。また、当時のドルと円のレートは100円=49・875ドル程度でその後約20年間、そのレートで安定することになります。

そして、1914年に発生した第一次世界大戦により、欧州列強やアメリカ、日本が金本位制から離脱しました。これは、戦争によって増大した対外支払のために金貨を政府へ集中させる必要があり、金の輸出を禁止、さらには通貨の金兌換（一定額での金への交換）を停止せざるをえなかったためです。

戦後、欧州列強は金本位制に復帰しましたが、日本は復帰しない一方で、戦後不況による経済混乱や1923年の関東大震災などの影響により輸入が劇的に増え、円は100円=40ドル前後までの円安になり、その後、金本位制への復帰に備えて、緊縮財政を行ったことにより、100円=49ドルにまで円高に動きました。

1930年になると、日本では金本位制に復帰がしました。しかし、1929年にニューヨーク証券取引所で株価の大暴落が発生、のちに「暗黒の木曜日」と呼ばれるこの出来事の影響で、諸外国でも経済が衰退していく世界恐慌に陥っていました。恐慌の影響で金本位制から再度離脱した諸外国の通貨が大幅下落したのに対し、金本位制を維持する円は相対的に強く、円高が続きました。

しかし、日本も金本位制を維持するのは難しくなり、1931年に金本位制から離脱した影響で、1932年末には100円=20ドル前後までの大幅な円安になりました。

この状況下で円安になった日本は輸出が盛んになり、国内の景気は回復していきました。しかし、これは不当に安い価格で商品を提供しているとのことで「ダンピング」だと世界的に非難され、不況にあえぐ各国から排斥されることになり、第二次世界大戦に突入することになっていきます。

Q 第二次世界大戦以降のドル円はどんな動きをしたの？

A 急激に円安になったあと、円高が進んでいきました

第二次世界大戦に敗戦した直後である1945年9月には、ドルと円の相場は1ドル＝15円になりました。その後インフレにより、1947年3月に50円、1948年7月に270円、1949年には360円と大きく円安に動いていきます。ここから日本は固定相場制に突入していきます。

アメリカでは1971年にインフレが進んだことでのドル不安が起こります。それに対処するために、ドルと金の固定比率を一時停止する「ニクソンショック」によって、1ドル＝308円まで円高になりました。しかし、その後もドル不安は続き、日本では固定相場制を維持することは困難になり、1973年に再び変動相場に移行しました。

変動相場制の移行直後に260円台まで円高が進みましたが、1973年に石油価格が高騰

したことをきっかけに世界経済全体に影響を与えた「オイルショック」が発生しました。当時は「有事のドル買い」という、世界的な危機の時は流動性が高いドルを買っておけば安心であると考えられていたため、ドルが大量に買われ、300円近辺まで円安・ドル高が進行しました。

その後、落ち着きを取り戻し270円台から300円台での値動きを続けていましたが、1975年にアメリカの景気が回復すると再度ドルが買われ、1975年12月には変動相場制移行後の最安値である306円85銭をつけました。

1976年になるとアメリカの景気拡大を背景として日本の輸出が伸びたことで、円高が進み、はじめて200円を突破し、176円5銭まで円高が進みました。

円高が進みすぎた結果、1978年にカーター大統領（当時）によるドル防衛策が発表され、外国為替相場への協調介入などが行われました。その結果、197円台にまで円安になったものの、1979年にイランの原油生産停止による第二次オイルショックにより、再びドルが買われたことで今度は220円まで円安に進みました。これにより、日本は大幅な経常赤字に陥ることになり、円は売られ250円台にまで急激に値を下げてしまいました。その後、日本が円安対策を発表したことにより230円近くまで戻したものの、円安傾向に歯止めがかからず、1ドル＝260円台まで下落し、日本は不況に入っていきます。

1971年~1979年のドル／円のチャート

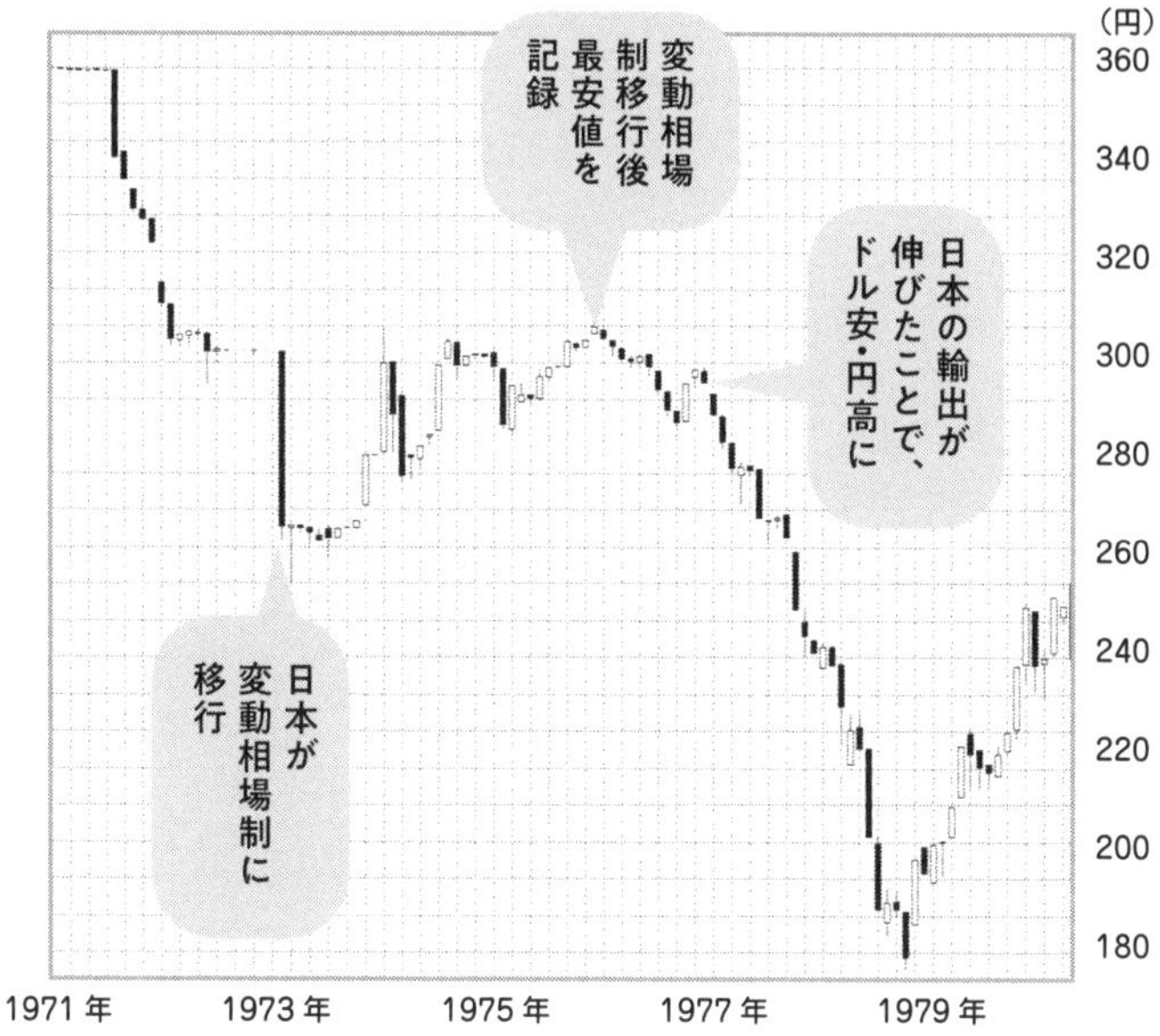

(円)
360
340
320
300
280
260
240
220
200
180
1971年
1973年
1975年
1977年
1979年
変動相場制移行後最安値を記録
日本の輸出が伸びたことで、ドル安・円高に
日本が変動相場制に移行

この時代はもっとも変動が激しかった時代ですね
わずか8年で50%も変化したんですね!

その後、1980年に日本経済が改善すると円が買われ始め210円台まで戻りました。

1985年9月にニューヨークにあるプラザホテルにおいて、主要国の大蔵大臣および中央銀行総裁が集まり、ドル高是正についての会合が開催され、「プラザ合意」が成立すると、直前の市場では242円であった円相場は1986年末には一時160円を突破しました。

その後もドル安が続き、以後のドル急落を食い止めるために1987年2月に再び主要国の大蔵大臣および中央銀行総裁がフランスのルーブル宮殿に集まり、日本の内需拡大や米国の財政赤字縮小を行うことが合意され、為替については、「1ドル＝153円50銭」水準に安定させる旨の声明を発表しました。さらに、為替相場安定のために協調介入も実施されましたが、これはうまく機能しませんでした。

一方、アメリカでは、莫大な貿易赤字（経常赤字）と財政赤字が並存していた状態でした。この莫大な赤字は「双子の赤字」と呼ばれ、これによりドル安懸念が強まる中、1987年10月にニューヨーク株式市場において1日で508ドルの大暴落（ブラックマンデー）に見舞われ、1988年には120円までドル安・円高が進みました。

日本では、円高の影響で輸出企業は打撃を受けたものの、円高不況回避のために低金利政策を行ったことで、土地や株式への投資に繋がりバブル景気へと向かいました。

1980年〜1989年のドル／円のチャート

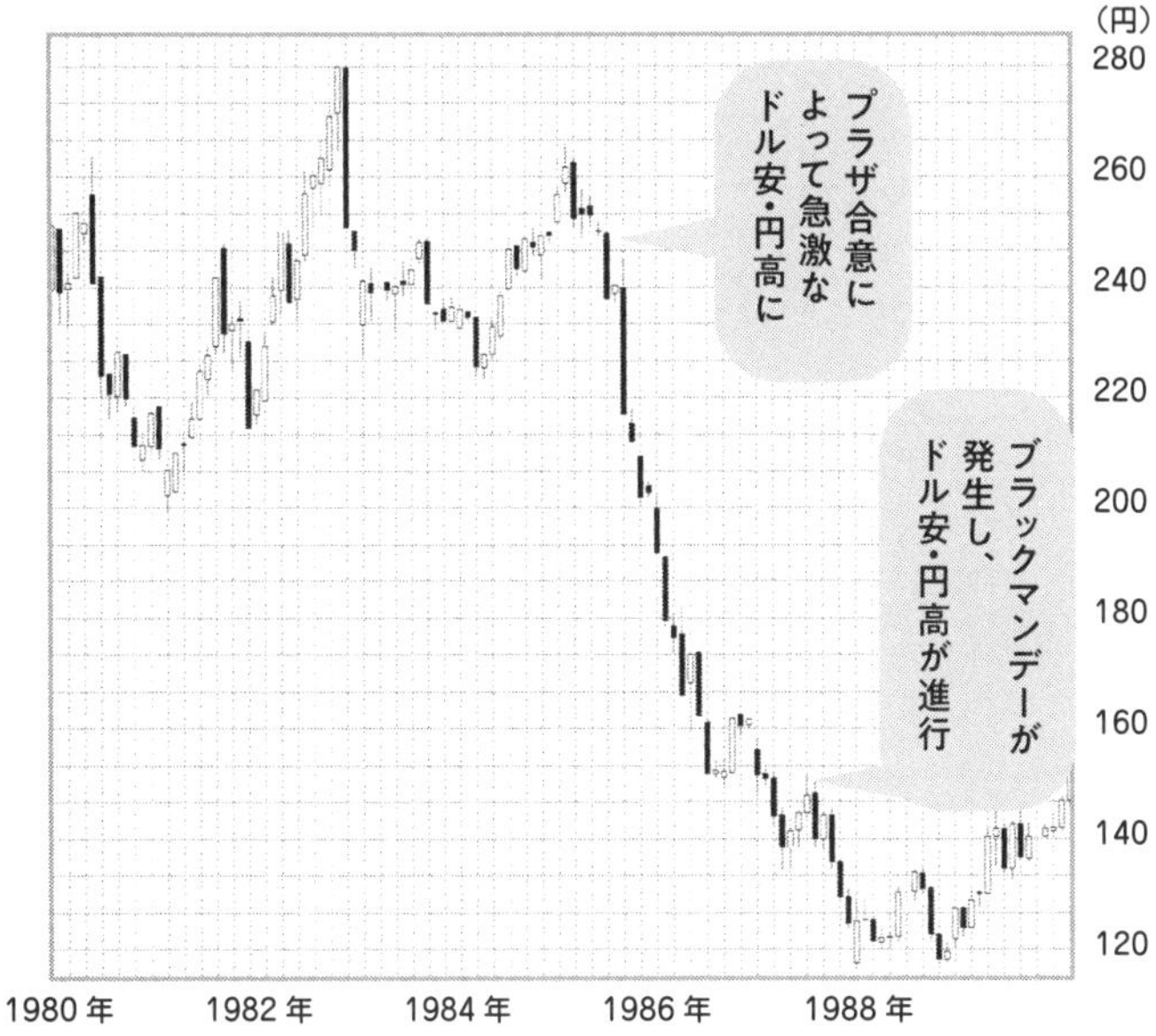
(円)
280
260
240
220
200
180
160
140
120
1980年
1982年
1984年
1986年
1988年
プラザ合意によって急激なドル安・円高に
ブラックマンデーが発生し、ドル安・円高が進行

プラザ合意によって円高・ドル安が予想外に進んでしまいました
すごい勢いで円高が進行していますね

この時期はバブル経済によって利益が増大した国内機関投資家による対外資産への投資が活発化しました。また、三菱地所が米国の象徴ともいえる「ロックフェラーセンター」を買収したり、ソニーが「コロンビア映画」を買収するなど企業買収も目立っていました。その結果、1989年からは円安・ドル高が進み、1990年4月には1ドル＝160円になりました。

1980年~1989年の対外直接投資届出実績

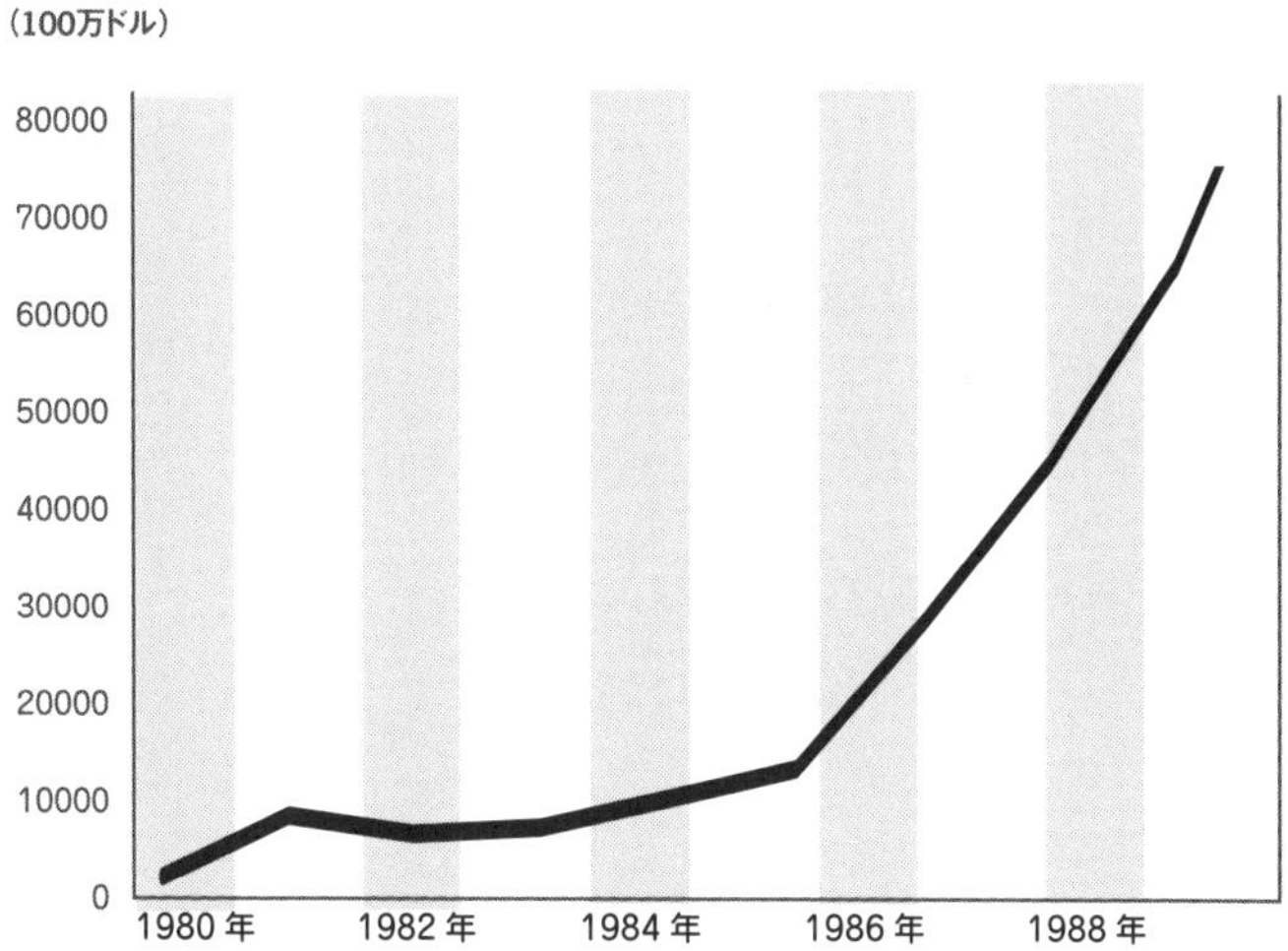

出所：厚生労働省

Q

バブル経済以降の円はどうなりましたか？

A

円高が強くなりはじめ、史上最高値をつけました

日本のバブル経済に陰りが見え始めると、海外投資や輸入が収縮する一方で輸出は強く、円高が強まり始めました。１９９４年には1ドル＝１００円の大台を突破し、１９９５年1月に発生した阪神・淡路大震災をきっかけに円キャリートレードのポジションが解消されたことで、円高がさらに加速し、同年4月には79円75銭という史上最高値をつけました。

あまりにも急激な円高に危機感を強めた先進主要国は１９９５年4月にG7を開催し、円高・ドル安の水準が行き過ぎであることの声明を発表し、外国為替市場では円売りの日米協調介入を実施した結果、同年9月には１００円水準まで円安になりました。

１９９７年から１９９８年にかけては、山一証券、日本長期信用銀行、日本債券信用銀行の相次ぐ破綻により、経済は混乱し、１９９８年8月には１４７円台の円安となりました。ちな

1990年～1998年のドル／円のチャート

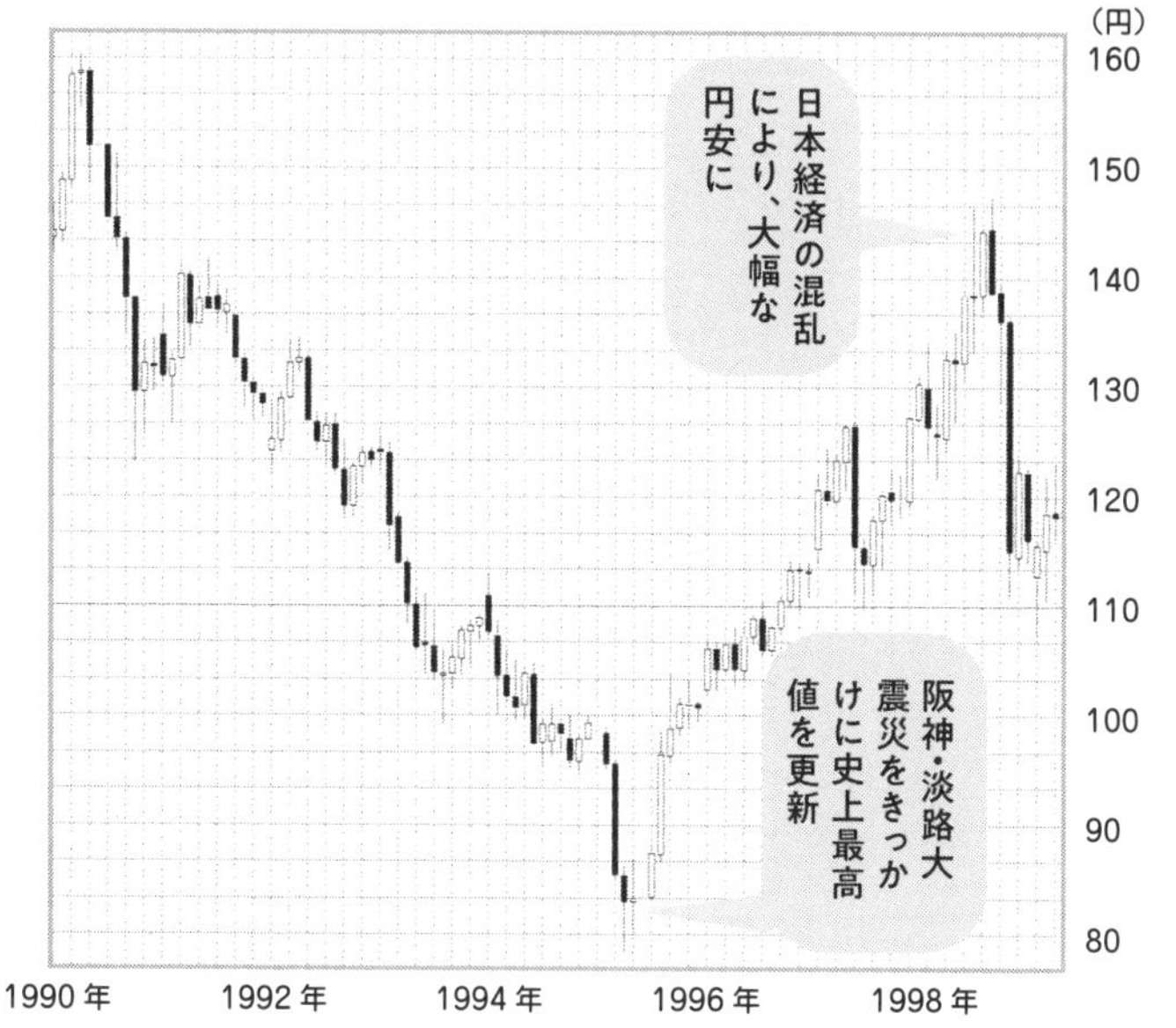
（円）
160
150
140
130
120
110
100
90
80
1990年
1992年
1994年
1996年
1998年
日本経済の混乱により、大幅な円安に
阪神・淡路大震災をきっかけに史上最高値を更新

為替相場を安定させるために協調介入も行われました
経済的な混乱が為替相場に現れていますね

みに、1997年夏にはアジア通貨危機（200ページ参照）、1998年夏にはロシア財政危機（206ページ参照）と国外でも為替相場に関わる事件が起きていました。

1998年には、レバレッジを掛けて、新興国の株式・債券に投資していた巨大ヘッジファンドであるロングターム・キャピタル・マネジメント（LTCM）がアジア通貨危機の影響で経営破綻したことで円が買われ急激な円高となり、111円台にまで推移しました（209ページ参照）。

1999年に入ると日本はゼロ金利政策を実施したことや、アメリカのITバブルの影響でしばらくは円安に動いたものの、同年6月にアメリカが金利を引き上げたことで再び円高の動きが強まりました。

そんななか、2001年に起こったアメリカ同時多発テロにより金融市場は大混乱し、ドルとアメリカ株の暴落に連動して、2002年初頭までにはドル円相場は130円台まで円高に動きました。

その後、日本では景気の回復とともに2002年後半には120円前後まで上昇し、持ち直すことになります。さらに、2003年5月にりそなグループへの公的支援を決定すると今度は円が買われ、2004年夏には100円近くまで円高になりました。

1999年～2007年のドル／円のチャート

(円)
136
126
116
106
96
86
アメリカ同時多発テロの影響で円高に
FXブームの影響が円安を下支えする形に
1999年
2001年
2003年
2005年
2007年

ミセス・ワタナベと呼ばれ海外でも注目されていました
日本のFXブームも為替市場に影響を与えたんですか?

このころから1998年に登場したFXが注目され始め、法整備やインターネットの普及とともに一大ブームとなり、円を売って外貨を買うキャリートレードが積極的に行われ、円安が加速し、2007年6月には124円台を記録しました。

このころの為替相場の方向性は大きな要因がないにもかかわらず、午後になるとドル買いの方向へ振れる現象がたびたび発生していました。この原因を探っていくと、主に日本の主婦やサラリーマンなどの個人のFX投資家が、昼休みを利用して一斉に円売り・ドル買いの注文を出していたことが判明しました。これをきっかけにイギリスの経済紙「エコノミスト」で日本の個人投資家を指し「ミセス・ワタナベ」という言葉が生まれました。

しかし、2007年夏になると欧米の金融機関によるサブプライムローン問題（214ページ参照）が明るみに出たことで、ドル売りが進行し、翌年2008年9月のアメリカの大手証券会社であるリーマン・ブラザーズの破綻によって起こったリーマンショックによって、円キャリートレードが巻き戻された結果、円高が急加速し、同年12月には87円台まで上昇しました

Q リーマンショック以降はどんな動きをしたの？

A しばらく円高が続き、戦後最高値を更新しました

2009年に入ってからは1ドル＝90円台でしたが、9月25日のリーマンショックを受けた金融サミットで藤井裕久財務大臣（当時）が円安政策はとらないと発言した結果、円は急上昇し、再び80円台に突入しました。また、アメリカFRBによる超低金利政策の長期化とドル安容認ともとれる発言が円高に影響を与えていました。

2010年9月15日には、円高の是正を目的として為替介入が行われ、85円台後半まで値を戻しましたが、すぐに円高の動きが強くなり、10月には80円台後半まで円高が進みました。

さらには、2011年3月11日に発生した東日本大震災によって、保険会社が支払準備として海外資産を売却したり、決済のための円資金需要が強まったことなどから円高が進み、3月17日には76円25銭の戦後最高値を記録しました。

2008年〜2011年のドル／円のチャート

その後、アメリカやイギリス、ドイツなどG7の協調介入や、震災後の日本経済への不安に加えてアメリカの景気回復に対する期待によりドル買い・円売りが優勢となり、一時は円安に動いたものの、アメリカの緩和政策延長に対する懸念などにより一転して円高・ドル安になり、再び1ドル＝70円台にまで上昇しました。

同年8月に日本は円売りの為替介入に踏み切ったものの、同時期にアメリカの格付け大手スタンダード・アンド・プアーズ（S&P）がアメリカ国債の長期信用格付けを「AAA」から1段階下の「AAプラス」に引き下げたと発表する米国債ショックが発生し、円安に動かず、円高傾向が続きました（詳しくは239ページ参照）。

その後、10月31日に1ドル＝75円32銭の戦後最高値を更新しました。

日本は、再度円売り・ドル買いの為替介入を実施し、一時は79円55銭まで持ち直しましたが、円高は止まらず、2011年末には1ドル＝76円台に上昇しました。

Q 米国債ショック以降はどんな動きをしたの？

A 安倍内閣への期待とともに円安に動きました

２０１２年11月中旬に、民主党の野田首相（当時）が衆議院解散を表明した頃から徐々に円安に動きはじめ、12月中旬の衆議院総選挙の前後から、自民党が掲げた経済刺激策に期待して１ドル＝85円前後まで下落しました。さらに、自民党政権に変わり、２０１３年に誕生した安倍内閣が金融緩和を表明したことから、円はドルやユーロに対して徐々に下落を始め、１月17日には、90円台になり、５月には１００円台にまで回復、２０１４年末には１２０円台と２００７年８月以来の円安・ドル高水準になりました。

その後、為替相場は安定していましたが、２０１６年１月に日本がマイナス金利を導入したにもかかわらず、円高に動き、６月には98円台にまで上昇しました。また、年末のアメリカ大統領選では、劣勢と言われていた、ドナルド・トランプ氏が勝利し、市場にさらなる混乱が起

2012年～2016年のドル／円のチャート

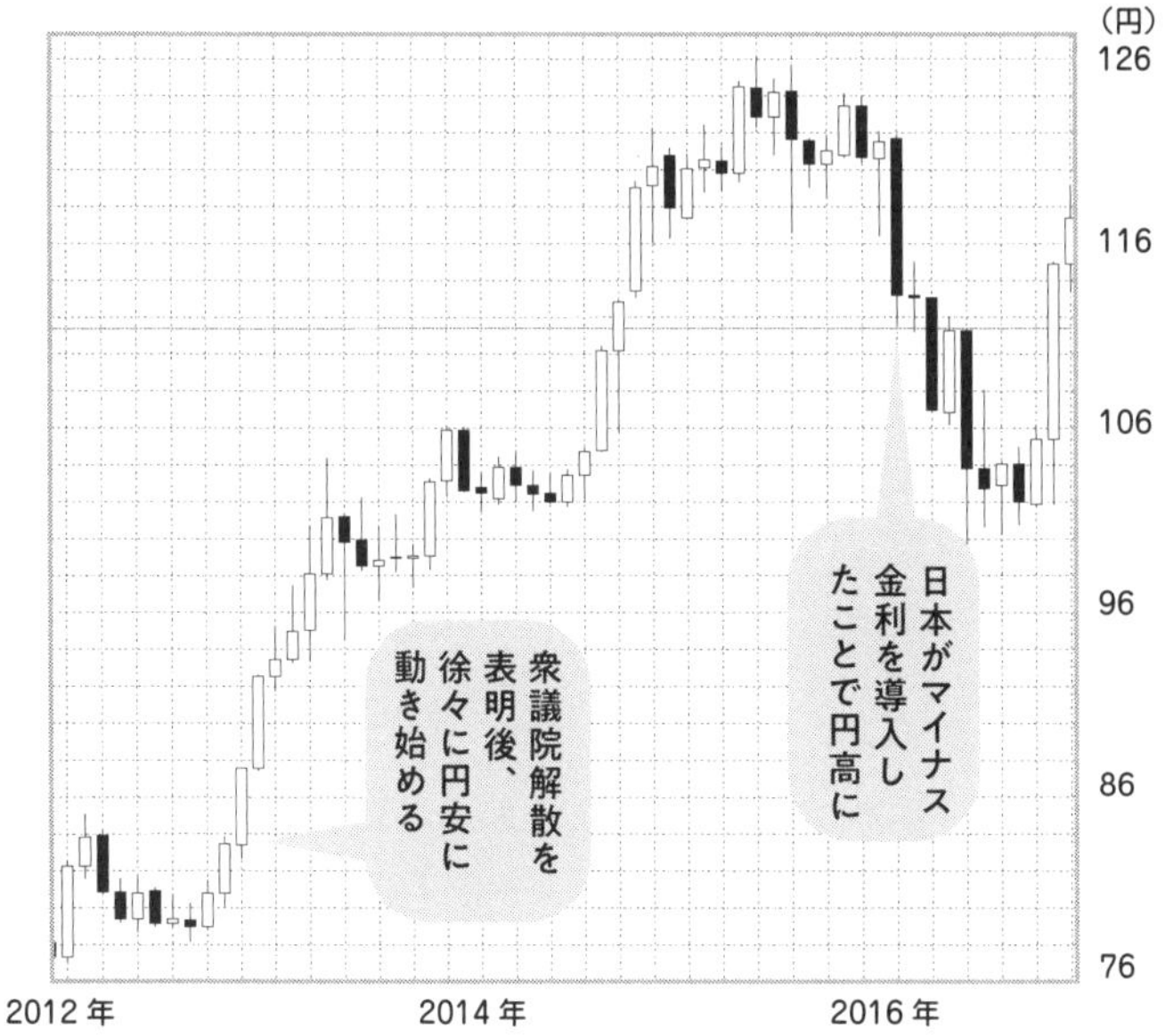

(円)
126
116
106
96
86
76
2012年
2014年
2016年
衆議院解散を表明後、徐々に円安に動き始める
日本がマイナス金利を導入したことで円高に

日本の政策がそのまま為替相場に影響を与えていましたね
一気に円安に動きましたね

きました。当選確定後はアメリカ第一主義を掲げるトランプ次期大統領への期待感から米ドルが暴騰し、わずか１カ月ほどで１０１円台から１１８円台まで上昇しました。

その後、数年はドル円相場は安定し、２０２０年のコロナショック時は一時的に相場が荒れたものの、リーマンショックのときのような大きな円高にはならず、安定して推移しています。

2017年～2021年のドル／円のチャート

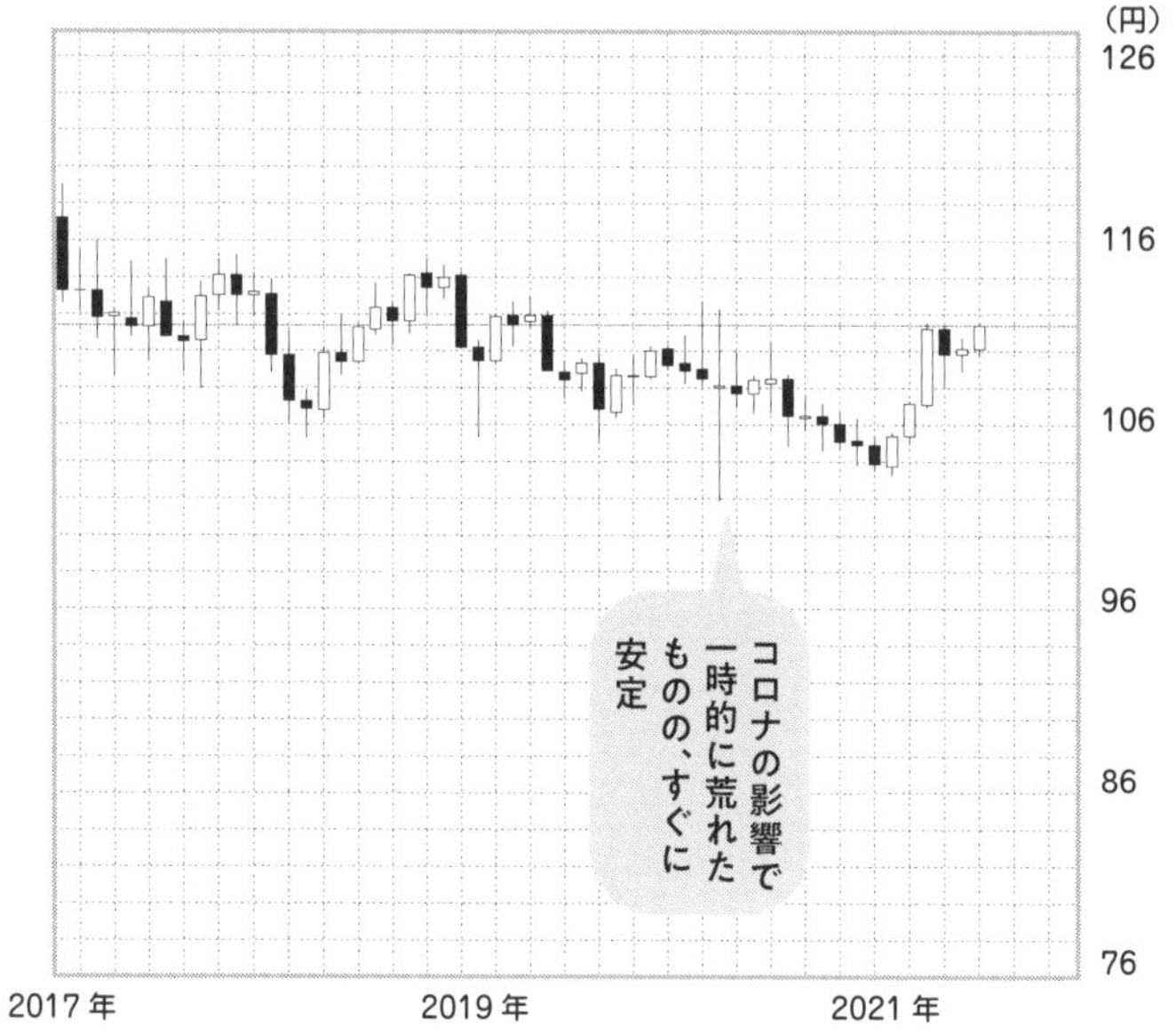
（円）
126
116
106
96
86
76
2017年
2019年
2021年
コロナの影響で一時的に荒れたものの、すぐに安定

コロナショックで大荒れにならなかったことが大きいですね
今までに比べると為替が安定していますね

第7章

リーマンショック前の通貨危機を教えてください

1990~2000年代はヘッジファンドが関係する通貨危機が多かったのが特徴です。また、2000年代にはFXによって個人投資家も多く参入し、世界が繋がっていくにつれて、その影響が大きくなっていくことが挙げられます。

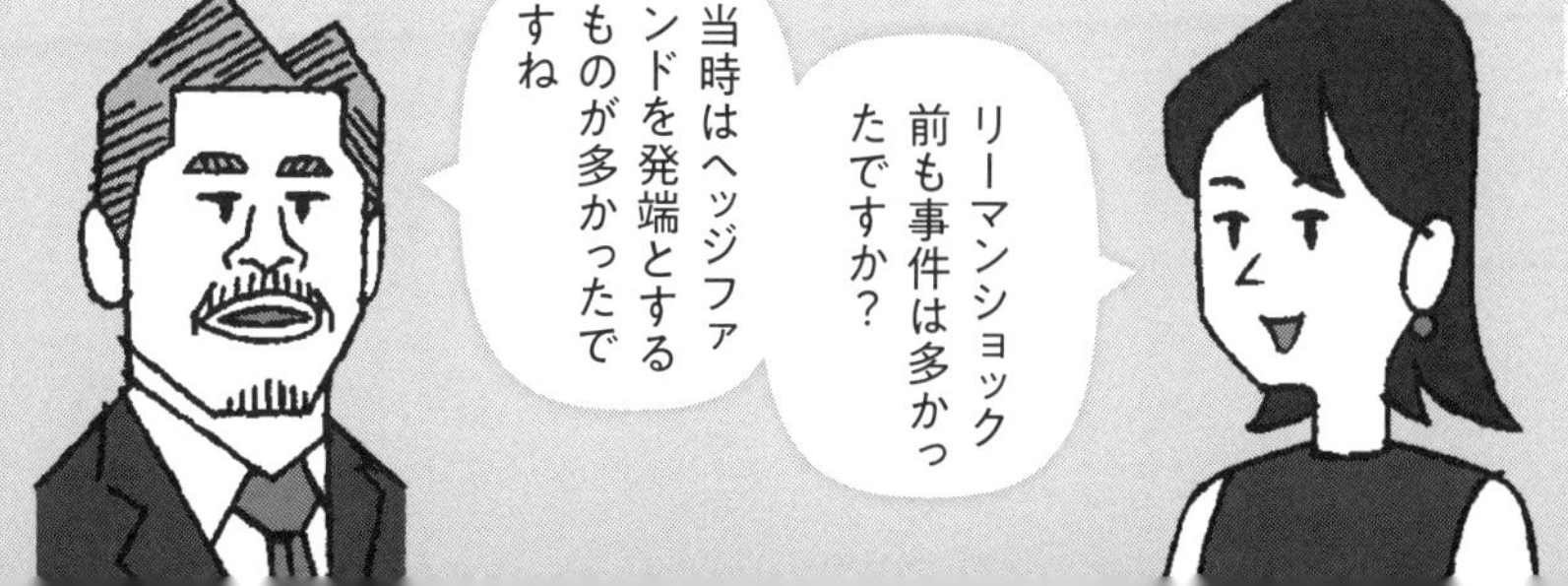
リーマンショック前も事件は多かったですか?
当時はヘッジファンドを発端とするものが多かったですね

過去に起きた主な為替に関する事件を知りたいです その1

ドル円の歴史を見るだけでも為替に関する事件って結構多かったんですね。

2000年以前はヘッジファンドの影響によるものも多かったです。

ヘッジファンドが大量に買ったり売ったりして為替相場を変動させたとかですか？

そうですね。ヘッジファンドが目を付けた通貨が暴落するなんてこともありました。また、売買だけでなく、ヘッジファンドが破綻した影響で不安定になることもありましたね。

売買じゃなくて、ヘッジファンドの経営状況も影響を与えることがあるんですか？

巨大ヘッジファンドの場合、動かすお金も大きくなりますからね。レバレッジを掛け

て運用していたりすると、破綻による損切りだけでも影響を与えてしまいます。

為替市場に参加しているプレーヤーたちが売買しているから、その中でも力が大きいヘッジファンドが影響を与えるのは当然と言えば当然なんですかね？

そうですね。やはり、為替市場で存在感が大きいプレーヤーが相場に与える影響は大きいですね。リーマンショックなんかも元々は投資銀行の破綻がきっかけだったりしますしね。

うーん。なんとなくは理解できますけど、細かいところはいまいちどう為替に影響していくのかわかりませんね。

では、まずはリーマンショックまでの主な為替に関する事件について説明していきましょう。

ヘッジファンドによって引き起こされた「ポンド危機」

ポンド危機とは、「ブラック・ウェンズデー（暗黒の水曜日）」とも呼ばれ、1992年秋に発生した、イギリスの通貨であるポンドの為替レートがヘッジファンドの動きによって急落した通貨危機です。通貨危機とは、ある国の通貨の対外的価値が急激に下落することや、その結果経済活動に深刻な影響が及ぶ状況を指します。

1990年代初頭のイギリスは経済成長が後退しており、失業率が上昇していました。一方、欧州の当時の金利は高めだったため、欧州各国の通貨は通貨高になっていました。当時のイギリスは将来のユーロ導入に向け、ERM（欧州為替相場メカニズム）と呼ばれる、ヨーロッパにおける為替相場の変動を抑制し、通貨の安定性を確保することを目的とした制度に加入していました。

イギリスは、欧州各国との相場を一定範囲に固定する政策を取っていたため、イギリスの通貨であるポンドも同様に通貨高になっていました。

ポンド危機の流れ

年月	内容
1992年9月	ジョージ・ソロス氏率いるクォンタム・ファンドが大量のポンド売りを仕掛ける
1992年9月15日	激しいポンド売りにより、ポンドの変動制限ライン（上下2.25%）を超えた
1992年9月16日	イングランド銀行がポンド買いの市場介入に加え、政策金利を10%から12%へ引き上げ、さらに同日中にもう一度15%に引き上げたが、ポンド安は止まらなかった
1992年9月17日	ポンドが変動相場制に移行
1992年10月以降	ポンド安が続き、欧州各国にも通貨危機が飛び火していった

ヘッジファンドがきっかけとなる通貨危機はほかにもあります
ヘッジファンドの力だけでもこんなことになるんですね

そんななか、投資家であるジョージ・ソロスは「イギリス経済に比べて、通貨のポンドが政府により無理に高く固定されており、明らかにおかしい」と考えていました。ジョージ・ソロスとは、ヘッジファンドがまだその呼称さえ確立していなかった1969年に同じく後に世界的に有名な投資家になるジム・ロジャーズとともにファンドを立ち上げた投資家です。現在でも、天才投資家として知られ、投資家とは別に思想家、慈善家としての顔も持っています。

1992年9月になるとジョージ・ソロス率いるクォンタム・ファンドというヘッジファンドが100億ドルに上る大量のポンド売りを開始し、ポンドの暴落が始まりました。

それに対して、イギリスの中央銀行であるイングランド銀行はポンド買いによる為替介入に加えて、政策金利の引き上げを行いましたが、ポンド売りは止まらず、ポンドが急落し、為替を固定することは不可能な状態に陥りました。

その結果、イギリスはERMから脱退し、変動相場制への移行を余儀なくされました。

これをきっかけにイギリスはユーロ導入を断念しましたが、イギリス経済は1993年から2008年の長期にわたって、安定した経済成長や失業率の改善、インフレ率の改善を実現することになりました。

また、ジョージ・ソロスはこの一連の取引で10億〜20億ドルの利益を上げたと言われており、

「イングランド銀行を倒した男」という異名を持つようになりました。また、クォンタム・ファンドは1998年に運用資産において世界最大のヘッジファンドになりました。

ドルペッグ制により通貨危機に陥った「メキシコ通貨危機」

「テキーラ危機」とも呼ばれる1994年末に発生したメキシコペソの暴落のことです。

メキシコは積極的な経済安定化と市場自由化を実施していたことで、先進国から注目を集め、多額の資本が流入し、高い経済成長を続けていました。ですが、その一方で、投資家からは経常収支の赤字が高まっており、ドルペッグ制を採用していたメキシコペソに対しては、維持できるのかという疑問がありました。

1994年に入ると、ゲリラ組織による武装蜂起や大統領候補のコロシオ氏暗殺などの政治不安が続き、リスクが高いと判断された結果、急激に資本流入が低下しました。

このような状況の中でアメリカの政策金利が0・75%に引き上げられると、リスクの高いメキシコより安全なアメリカの債券へと投資する投資家が増え、メキシコの外貨準備が激減していってしまいました。

メキシコ政府は為替レートの切り下げを発表しましたが、メキシコペソ安の下落は止まらず、変動相場制に移行しました。それでも、下落圧力は止まらず約1カ月後には約65%のペソ安となりました。

また、外貨準備は1993年12月末には263億ドルあったものが、1995年1月末には、35億ドルにまで低下する異常事態となり、最終的にはアメリカや国際機関、日米欧の民間銀行などから総額500億ドルを超える支援がなされ、通貨危機は終息していきました。

ヘッジファンドによる空売りで通貨が下落した「アジア通貨危機」

1997年7月より、タイの通貨バーツの暴落を引き金に、アジア各国に連鎖的に波及した経済危機です。

当時のタイをはじめとするアジア諸国には、低コストな労力により、多くの海外企業が進出し、海外直接投資が増大していました。海外企業が進出したことで輸出を伸ばし「アジアの奇跡」と呼ばれる急成長をしたのです。特にタイでは、自動車メーカーの現地生産が大幅に拡大し、タイ国内では自動車産業が急成長し、生産が追いつかないほど供給が拡大していました。

ただし、タイをはじめとするアジア諸国は、輸出製品を作るための資本設備や中間部品を製造するための技術がなかったため、輸入された部品を組み立て出荷する工程だけを担う場所になっており、必要な部品はすべて海外からの輸入に頼っている状況でした。

また、当時はドルペッグ制を採用している国が多く、タイでは1ドル＝26バーツ付近で為替レートを固定していました。

そんななかアメリカが「強いドル政策」と呼ばれる通貨政策を行ったことで、ドル高が進行しました。ドルペッグ制を採用しているタイも連動して通貨価値が上昇しました。その結果、輸出製品を作るための材料を輸入に頼っているタイは経常赤字が拡大し、景気も悪化していきます。

1997年5月中旬、景気悪化と通貨の割高というミスマッチの状況に陥っていたタイはヘッジファンドに目を付けられました。タイが現状の為替レートを維持するのは不可能だと判断したヘッジファンドは空売りを仕掛けました。空売りとは、レートが高いときに売り、安くなったときに買い戻すことで利益を獲得するものです。

大量に空売りをされた結果、為替市場にはバーツが溢れました。タイ政府がドルペッグ制を維持するためにバーツ買い・ドル売り介入を実施しました。しかし、ヘッジファンドの思惑どおり、外貨準備のドルが枯渇し、ドルペッグ制を維持することは不可能になり、7月2日に変動相場制への移行を強いられました。これに合わせてバーツは暴落を始め、1998年1月には1ドル＝54バーツにまで推移しました。

通貨の急落はタイだけではなく、ドルペッグ制を採用していたほかのアジア諸国も同じようにヘッジファンドから空売りを仕掛けられるなどして、通貨安が続いていきました。この結果、

アジア通貨危機による影響

国名	内容
韓国	•韓国の国債格付けがA1からA3へ下落 •1ドル=850ウォンから1ドル=1,700ウォンまで下落 •財閥系の起亜自動車が破綻し、経済状態が悪化
マレーシア	•ヘッジファンドから空売りを受けた結果、変動相場制へ移行し、自国通貨リンギットが50%近く下落 •IMFへの支援要請は行わず、自力での再建を目指した
インドネシア	•変動相場制へ移行 •1998年には自国通貨のルピアが40%近く暴落 •30年以上続いたスハルト政権が退陣
ブラジル	•経常収支と財政収支の赤字拡大で資本流出が深刻化 •変動相場制に移行し、レアルの大幅切り下げを実施

これをきっかけに変動相場制への移行を強いられた国もあります
いろんな国に影響を与えたんですね!

タイのチャワリット政権（当時）は失脚、インドネシアでは急激なインフレが起きて東ティモールなどでの反政府運動が激化しスハルト政権も失脚、韓国では財閥が連続倒産するなど大混乱が起きました。この動きは日本を含むアジアだけでなく欧米の主要株価も急落させ、アジア各国の経済はマイナス成長に陥りました。また、この通貨危機は日本の北海道拓殖銀行や山一証券が破綻した遠因ともいわれています。

この危機を脱するために、タイ、インドネシア、韓国は、ＩＭＦ（国際通貨基金）や世界銀行、アジア開発銀行などの支援を受けることになりました。

しかし、支援の条件としてＩＭＦが課した高金利政策や緊縮財政の受け入れの結果、これらの国々はマイナス成長に陥ることになりました。

通貨危機の教訓を踏まえ、日中韓と東南アジア諸国連合（ＡＳＥＡＮ）は２０００年に対外支払いに支障をきたすような流動性の困難に直面した際に、ドルを融通し合う通貨交換協定「チェンマイ・イニシアティブ」の創設で合意することになりました。

アジア通貨危機前後の新興国通貨の動き

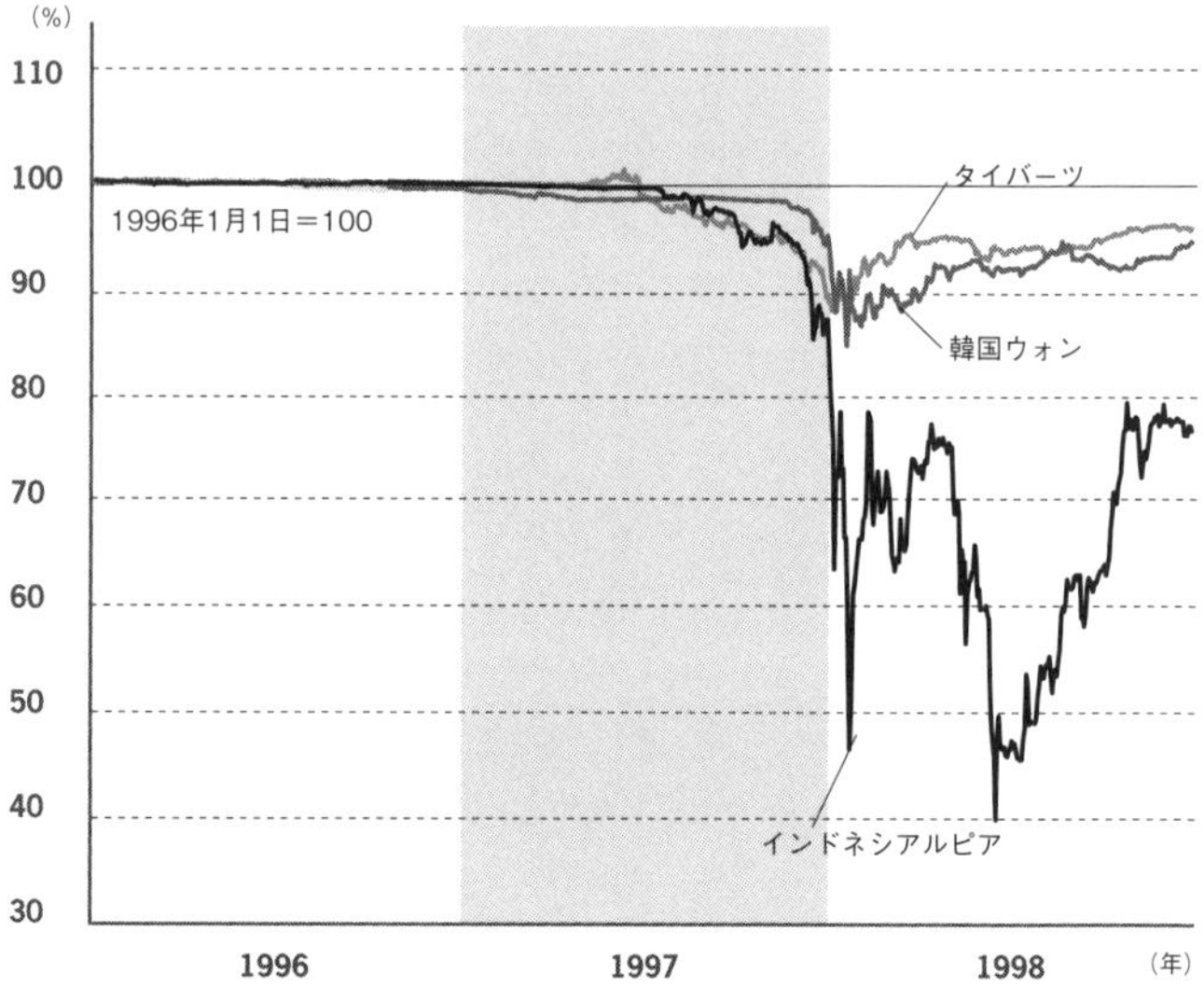

チェンマイ・イニシアティブとは

発動時に二国間の外貨準備を融通する

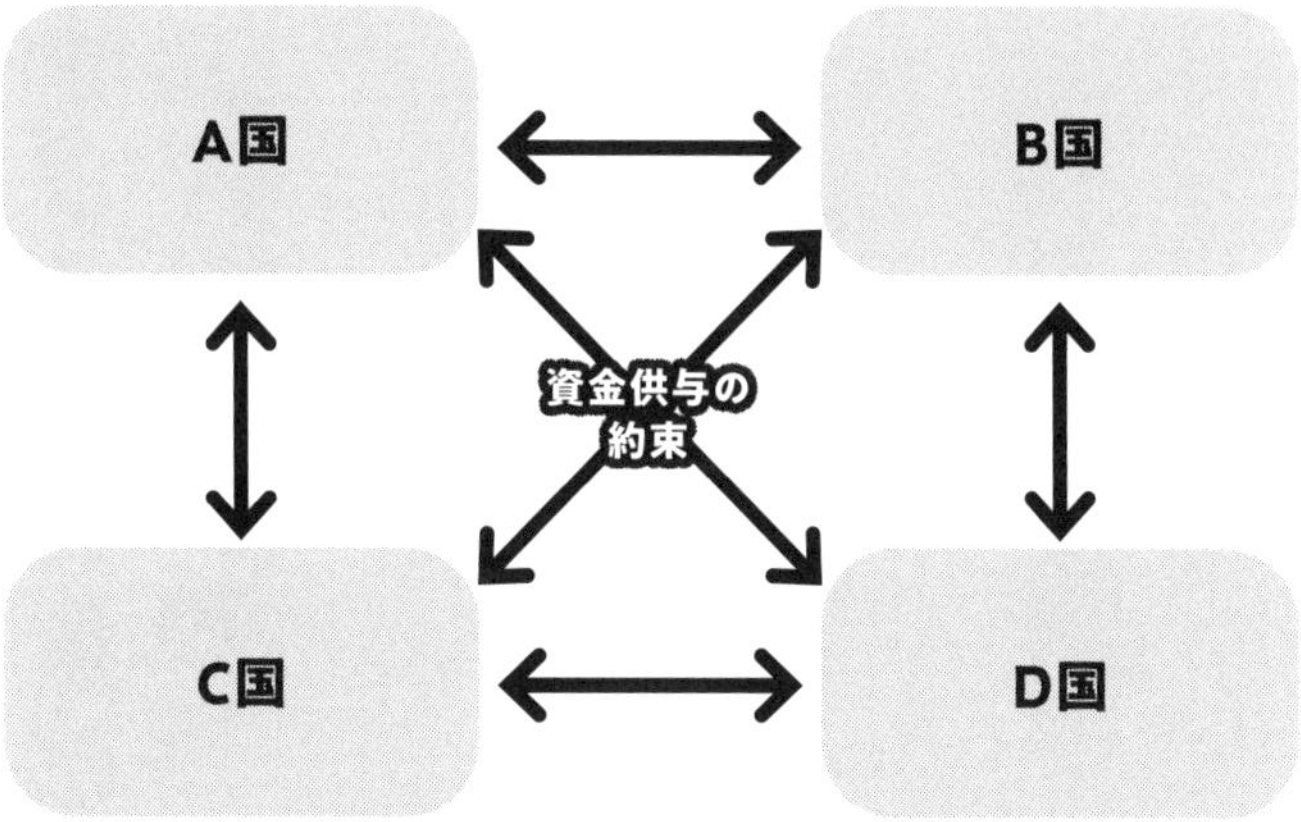

短期的な外貨の融通を行う

日中韓および ASEAN5 か国（インドネシア、マレーシア、フィリピン、シンガポール、タイ）の間で構築された、アジア域内を広くカバーする通貨スワップの取引ネットワーク。通貨スワップとは、域内のある国が対外支払いに支障をきたすような流動性の困難に直面した際に、他国が通貨交換による外貨準備の短期的な融通を行う。

アジア通貨危機により ルーブルが暴落した「ロシア財政危機」

1998年に発生したロシアの通貨であるルーブルの暴落やルーブル建て国債の債務不履行などの一連の経済危機のことです。

1990年代のロシア経済は石油やガス、金属などの天然資源の輸出に依存していたため、世界の景気動向に影響されやすい状況にありました。そんななか1997年にアジア通貨危機が発生し、世界の景気が大きく後退したことで、ロシア経済も悪化させることになりました。

アジア通貨危機の影響とロシア経済の悪化から、ルーブルが下落するなか、ロシア政府は為替介入を行い、ルーブルを買い支えていたものの、手持ちの外貨がなくなり、為替レートを維持することは困難な状況になっていました。

この状況下の1998年8月17日、ロシアがルーブルの切り下げの容認と民間対外債務を90日間支払猶予することを宣言しました。これにより、ロシア国民がルーブルをドルに替えようとして、ルーブルはなおも下落を続けて暴落しました。

ロシア財政危機の流れ

年月	内容
1997年7月	アジア通貨危機が発生
1998年1月1日	通貨単位を1000分の1に切り下げるデノミを実施
1998年7月	IMF、世界銀行、日本政府から総額226億ドルの緊急支援を受ける
1998年8月17日	ロシア政府当局がルーブルの切り下げ、対外債務の90日間支払停止
1998年8月	1ドル=7.91ルーブルまで下落
1998年9月	1ドル=14.53ルーブルまで下落

輸出に依存している国は世界の景気動向に影響されやすいのです
アジア通貨危機がロシアにこんなにも影響を与えたんですね

1998年7月時点では1ドル＝5・79ルーブルだった為替レートは9月には14ルーブル台にまで急落しています。

ロシア財政危機の影響で、ルーブルが急落しただけでなく、米国債売り・ロシア国債買いという裁定取引が破綻し、大手ヘッジファンドにも経営危機に追い込まれるほどの大きな影響を与えました（209ページ参照）。その結果、ドル円相場にも影響を与えることになります。

なお、危機後のロシアは産業構造が破壊されたわけではなかったため、原油価格の上昇により、再び回復していきました。

ロシア財政危機から連鎖的に発生した「LTCM破綻」

ロシア財政危機はさまざまなヘッジファンドに影響を与えました。そのうちのひとつ、ロングターム・キャピタル・マネジメント（LTCM）というヘッジファンドの破綻は為替相場にも大きな影響を与えました。

LTCMは運用チームにノーベル経済学賞受賞者らを集め、1994年に運用を開始したヘッジファンドです。世界各国の金融投資家や富裕層から約12億5000万ドルを集めて運用し、当初は大きく成功させ、年間利回り20～40％というパフォーマンスを上げ、運用資金を1000億ドルにまで拡大させていました。

債券のわずかな金利差から収益を得るために巨大なレバレッジを掛ける運用方法だったのですが、アジア通貨危機とロシア財政危機による市場の大変動を吸収しきれず経営破綻してしまいました。

LTCMは円キャリートレードで膨大な米ドル／円の買いポジションを積み上げていました

が、ＬＴＣＭが破綻に陥ったことで、膨大な米ドル／円の買いポジションを損切りをすることになり、強烈な円高・ドル安が発生しました。

ほかのヘッジファンドもＬＴＣＭの手法を模倣しているところも多く、同じように円キャリートレードの巻き戻しが行われ、１９９８年10月にわずか３日で22円の円高という大暴落となりました。

これらヘッジファンドは世界各国の金融機関と１００兆円単位の多額の金融取引契約を結んでいたため、世界経済へ大きな影響を与えることになりました。

LTCMのパフォーマンスの推移

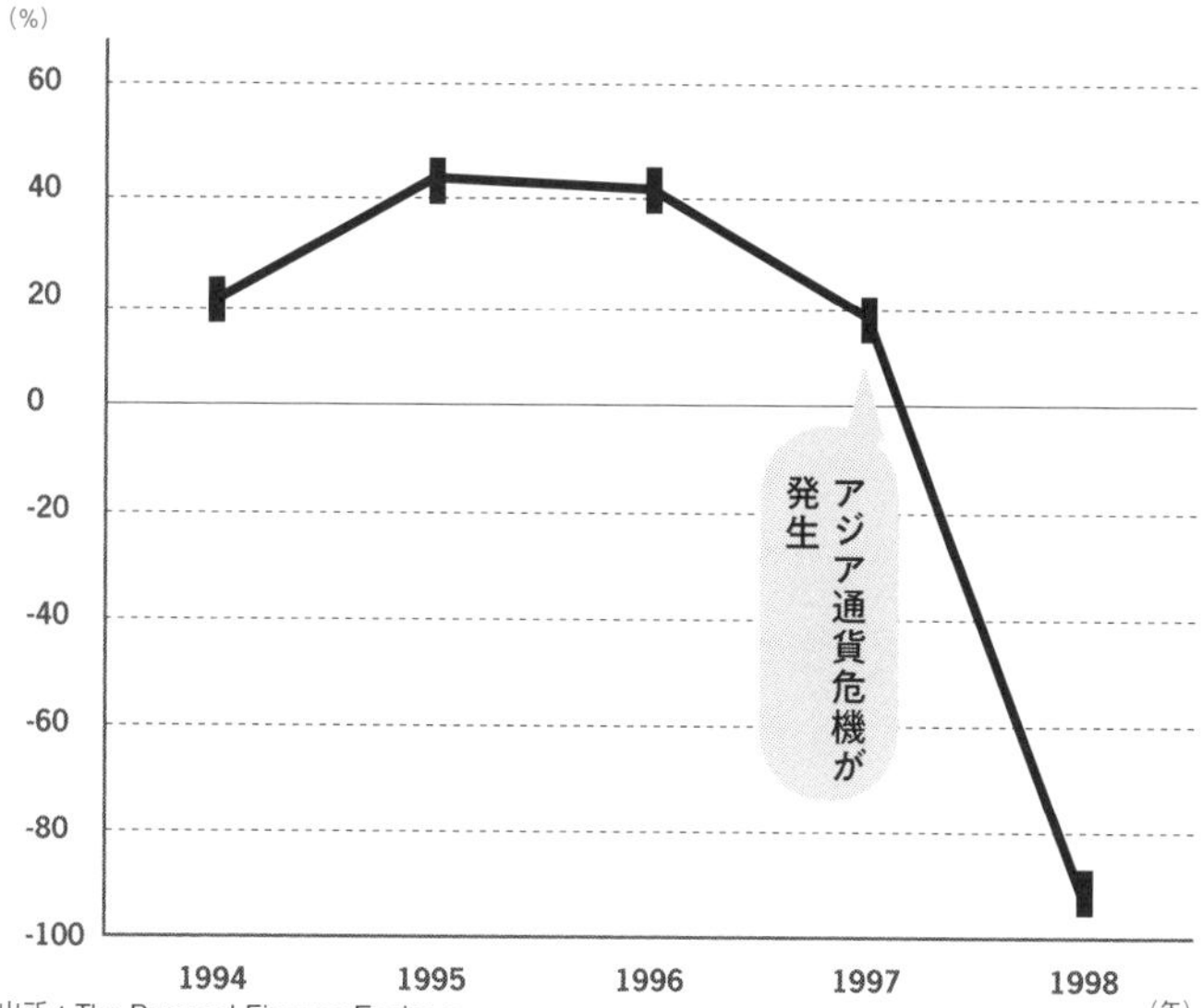
(%)
60
40
20
0
-20
-40
-60
-80
-100
アジア通貨危機が発生
1994
1995
1996
1997
1998
(年)

出所：The Personal Finance Engineer

高いレバレッジを掛けていたので、大きな影響を受けてしまいました
アジア通貨危機で一気にパフォーマンスが悪化してますね

1998年後半のドル／円のチャート

アジア通貨危機から波及し発生した「ブラジル通貨危機」

アジア通貨危機やロシア危機の影響が波及したことで１９９８年から99年に発生したブラジルレアルの暴落のことです。

当時のブラジルは固定相場制を採用しており、金利の引き上げや財政の緊縮策などで通貨危機の対策を行っていましたが、自国通貨の大幅な下落に対して固定相場制を維持することが不可能となり、変動相場制に移行することになりました。

１９９８年11月にＩＭＦとアメリカは、総額４１５億ドルの支援をブラジルに対して行っていましたが、それでもブラジルは対応しきれず、１９９９年1月6日に90日間の対連邦債務の変換停止を通告したことで、海外投資家が一斉に資金を引き上げてしまい、レアルが急激に下落してしまいました。

この通貨危機によりブラジル経済は一時的に大きく混乱しましたが、ブラジルはアジア諸国ほど脆弱ではなかったため、比較的軽微な影響にとどまり、短期間で回復しました。

リーマンショックのきっかけとなった「BNPパリバショック」

世界的な金融危機として有名なリーマンショックですが、実はそのきっかけとなる「BNPパリバショック」という出来事があります。

BNPパリバとは、フランスのパリに本拠地を置く、世界規模の金融グループです。アメリカのサブプライムローン問題による市場混乱を引き金にBNPパリバ傘下であったミューチュアル・ファンドが投資家からの解約を凍結すると発表しました。その結果、フランス国内だけでなく世界中のマーケットがパニックに陥り、為替相場や株式相場が大きく変動し、世界の市場に金融危機が広がるきっかけとなりました。

サブプライムローンとは、アメリカの信用力の低い個人向け住宅融資です。アメリカ国内では2002年ごろから問題視されていました。2006年ごろからアメリカの住宅市場が変調をきたし、サブプライムローンの延滞や債務不履行が増え、2007年になるとサブプライムローン関連の証券化商品のリスクがささやかれ始める中で、パリバショックが発生しました。

ＢＮＰパリバはフランスの銀行最大手といわれているほど大きく、その傘下であるファンドの凍結は世界中の投資家に動揺を与えました。

ショック後の市場では、サブプライムローン関連の金融商品に買い手がつかなくなり、世界中の投資家からの解約が相次ぎました。

しかし、サブプライムローン関連の金融商品はまったく売れない状況になっていたため、現金化が困難になり、解約に対応ができませんでした。

パリバショックの影響は通貨にも影響を及ぼし、解約の凍結発表から10日間でユーロ／円は約15円、ドル／円は約10円の下落となりました。また、アメリカ一国で起きた、サブプライムローンの支払いの延滞や債務不履行などの問題が証券化商品の信用を落とす結果になり、世界中の金融市場に大きなダメージを与えることになりました。

パリバショックの直後は金融当局や市場関係者も問題がどれほど深刻なのか認識できていなかったといわれています。この後、何が起こるのかもはっきりしないまま、いったんは沈静化しましたが、２００８年3月にアメリカの大手証券会社ベアー・スターンズの経営危機で再燃し、２００８年8月にアメリカの投資銀行リーマン・ブラザーズの経営破綻により、世界的な金融危機へと発展していきます。この際、さまざまな主要金融機関に公的資金が注入されてい

公的資金の注入が行われた主な金融機関

金融機関名	金額
シティグループ（米）	391億ドル
モルガンスタンレー（米）	115億ドル
AIG（米）	111億ドル
メリルリンチ（米）	291億ドル
ワコビア（米）	111億ドル
UBS（スイス）	377億ドル
クレディ・スイス（スイス）	90億ドル
ロイヤルバンク・オブ・スコットランド（英）	152億ドル
ロイズ・バンキング・グループ（英）	84億ドル
HSBC（英）	204億ドル

主要な金融機関が破綻するのを防ぐために行われました
いろんな金融機関が資金注入されていますね

くことになります。

ちなみに、BNPパリバ傘下のファンドはその後破綻し、投資家への払い戻しにも応じなかったことも問題視されることになります。

2007年中盤のドル／円のチャート

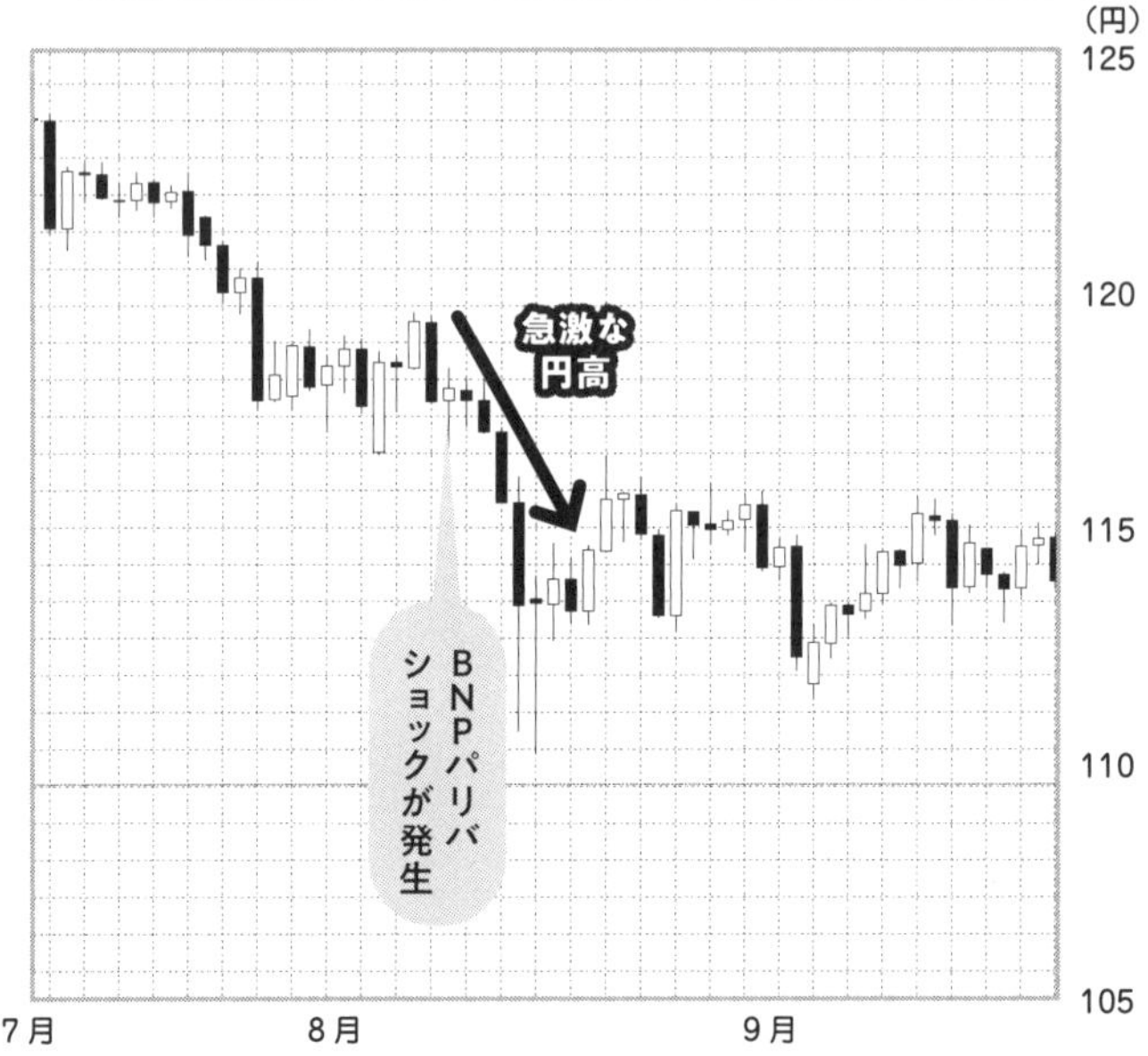

リーマンショックの影響で豪ドルが急落した「オージーショック」

リーマンショック時は世界的な株暴落やドル円の暴落が注目されていましたが、為替相場では、豪ドルの急落も注目されていました。

豪ドル円は、パリバショックとベアー・スターンズ破綻など、世界的な株暴落が起こっても、再度1豪ドル＝１００円にまで戻るという動きをしていました。リーマンショックが起こる２００８年7月にも１００円台に復帰しており、「不死身のオージー」とも呼ばれていました。しかし、リーマンショック発生後は動きが異なりました。9月末には1豪ドル＝82円にまで下落、10月末には54円台にまで下落しています。

豪ドル円は２０００年の50円台から7年かけて１００円台にきたものが、２００８年7月からわずか3カ月で50円台に戻ってしまいました。

この原因のひとつは原油価格にあります。豪ドルは代表的な資源国通貨であり、原油相場の影響を大きく受けます。資源国通貨とは、鉱物資源やエネルギー資源、食料資源などを産出し、それを主要な輸出品としている国の通貨を指します。豪ドル以外にも、ニュージーランドドル、カナダドル、ブラジルレアルなどが資源国通貨とされています。

原油相場はこれまで高値を記録していたため、豪ドルも原油価格に支えられる形でした。しかし、リーマンショック直前に、原油価格は急落しました。２００８年7月には１５０ドルの大台手前まで推移していた原油価格は一転し、暴落。年末には40ドルを割りました。

豪ドルもそれに連られる形で、暴落してしまったと考えられています。また、当時は円キャリートレードで豪ドルが買われることが多かったため、円キャリートレードが解消されたことも影響しています。

2007年～2009年の豪ドル／円のチャート

(円)
108
98
88
78
68
58
2008年
2009年
急激な円高
リーマンショック前は下落してもすぐに戻っていた

投資家の間では人気の通貨だったので損失を出した人も多かったです
半値近くまで下落していますね

第8章

リーマンショック後の通貨危機を教えてください

リーマンショックに端を発した経済危機は、各国にもさまざまな影響を及ぼしました。また、その頃から国や中央銀行の方針変化や財政危機による為替の動きが目立つようになります。

リーマンショック後も事件は起きましたか?
財政問題や国の動きによる事件が増えましたね

過去に起きた主な為替に関する事件を知りたいです その2

リーマンショック後も事件は多かったのですか?

リーマンショックの影響による財政危機や国の動きによる事件が多かったですね。

国の動きというとどういうものですか?

イギリスのEU離脱やアメリカとトルコの外交問題から発生したものなどがあります。

そういった事件も為替に関係するんですね。

イギリスのEU離脱はもともと残留が予想されているなかで、離脱が決定したため、市場にとってサプライズになり、英ポンドが売られる動きに発展しました。アメリカ

とトルコの場合は、大国であるアメリカがトルコに対して制裁を与えるということで、リラが売られる流れになりました。

財政問題ではどんなものがあったんですか？

やはり、リーマンショックの影響によるものが多いですね。変わったところでは、ギリシャが財政赤字を隠してたことがきっかけで欧州全体の危機になったこともあります。

財政赤字を隠してるなんてこともあるんですね。それぞれ、どんな流れで為替に影響していくのか知りたいですね。

では、リーマンショック以降の主な為替に関する事件について説明していきましょう。

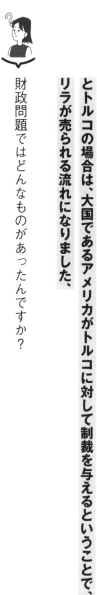

ドル不足によってウォンが急落した「韓国通貨危機」

リーマンショックは、韓国通貨も大幅に下落させました。

リーマンショックの影響で、世界中の金融機関がドルの確保に一斉に動いたため、国際金融市場でドル不足を招いていました。この影響を直接受けていたのが韓国の通貨ウォンです。

当時の韓国は国際収支が悪化していました。短期対外債務の多くが償還時期を迎えた２００８年９月に集中しました。そのタイミングで韓国としてはドルが欲しいのに、市場にはドルが流通していないという状況でした。そんななかで、為替市場でウォン売り・ドル買いが強まりました。

さらに、韓国は外貨準備の取り崩しなどの影響もあり、さらにはリーマンショックの影響で外需が低下、資本収支、経常収支が共に赤字に陥っていました。

ドル／ウォンのレートは９月４日時点では１ドル＝１１２８ウォンでしたが、10月には一時１５００ウォンを超える水準まで大幅下落しました。その過程のなかで、韓国の中小企業は多額の損失を被り、社会問題と化しました。韓国政府はその救済のために8兆3000億ウォンの金融支援を行うことになります。さらに、10月12日には韓国政府が企業の海外投資の自粛などの外貨規制を敷きました。

その後も、ウォン相場の下落は止まらず、アジア通貨危機以来の安値を更新し続けたものの、アメリカと韓国、2か国の中央銀行が一定額の自国通貨を一定期間相互に預け合うことを取り決める「ドル・ウォン通貨スワップ協定」を締結、さらに為替介入によって持ち直し、2008年末には1260ウォンにまで回復しました。

2007年～2011年のドル／ウォンのチャート

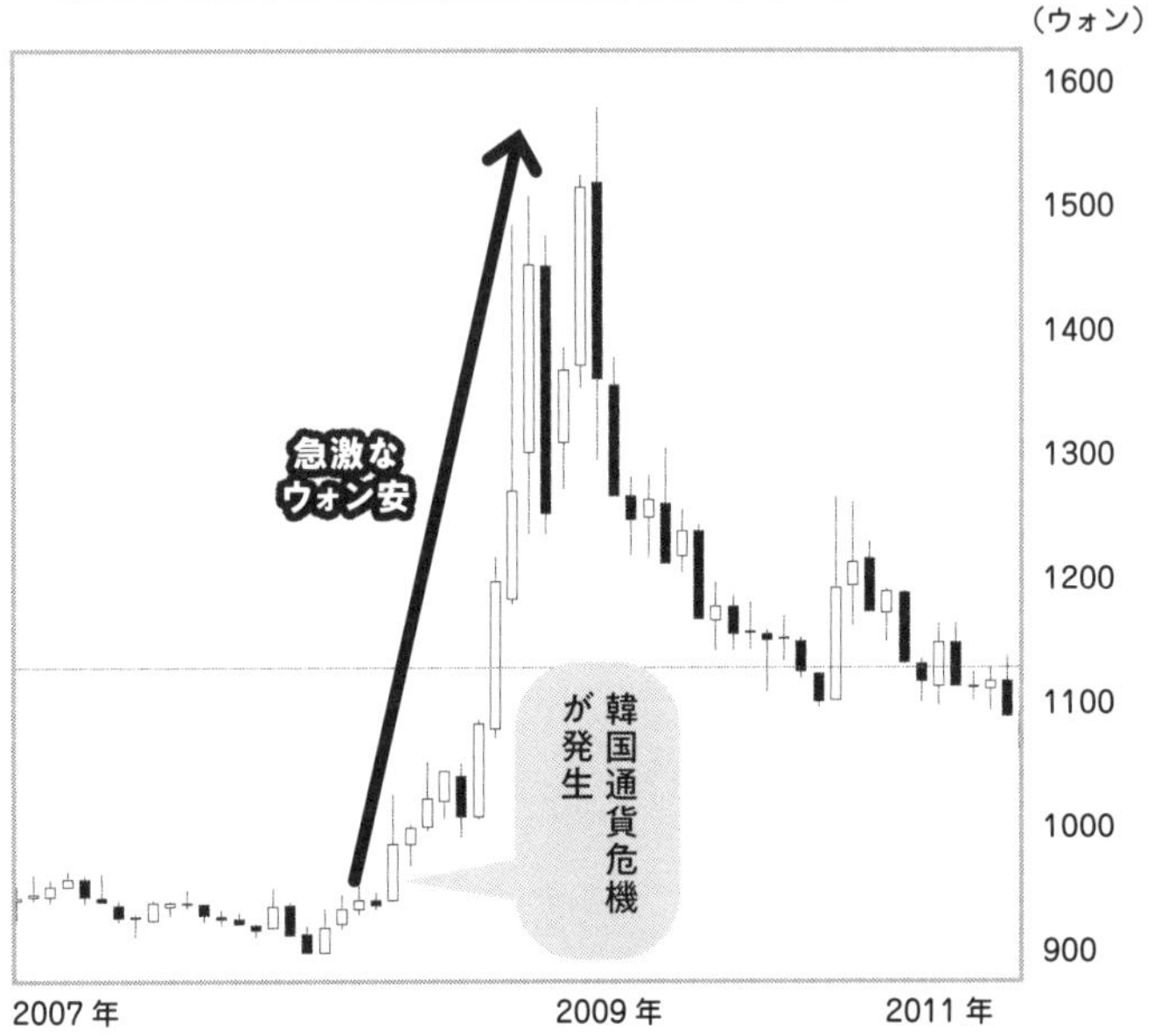

ドバイの信用不安から発生した「ドバイショック」

「ドバイ信用不安」や「ドバイ問題」とも呼ばれ、２００９年11月下旬に、アラブ首長国連邦（ＵＡＥ）のひとつドバイ首長国が震源となった、ドバイの支払能力への国際的な懸念から起こった信用不安のことです。

２００９年11月25日にドバイの代表的な政府系持ち株会社ドバイワールドとその傘下の不動産開発会社のナキールは、その抱えるすべての債務の支払いを猶予してもらうよう債権者に要請すると発表しました。

ドバイは巨額の資金調達を繰り返しながらリゾート開発や港湾開発に力を入れていました。しかし、リーマンショックによる世界同時不況の影響で、ドバイへの資金流入が大幅に減少し、不動産価格も大きく下落、これにより、資金繰りが難しい状況になってしまいました。

ドバイは債務の返済期日を２０１０年5月30日まで猶予してもらうよう要請しましたが、中東と取引の多い欧州金融機関への信用懸念が広がり、イギリスやドイツ、フランスなどの株式

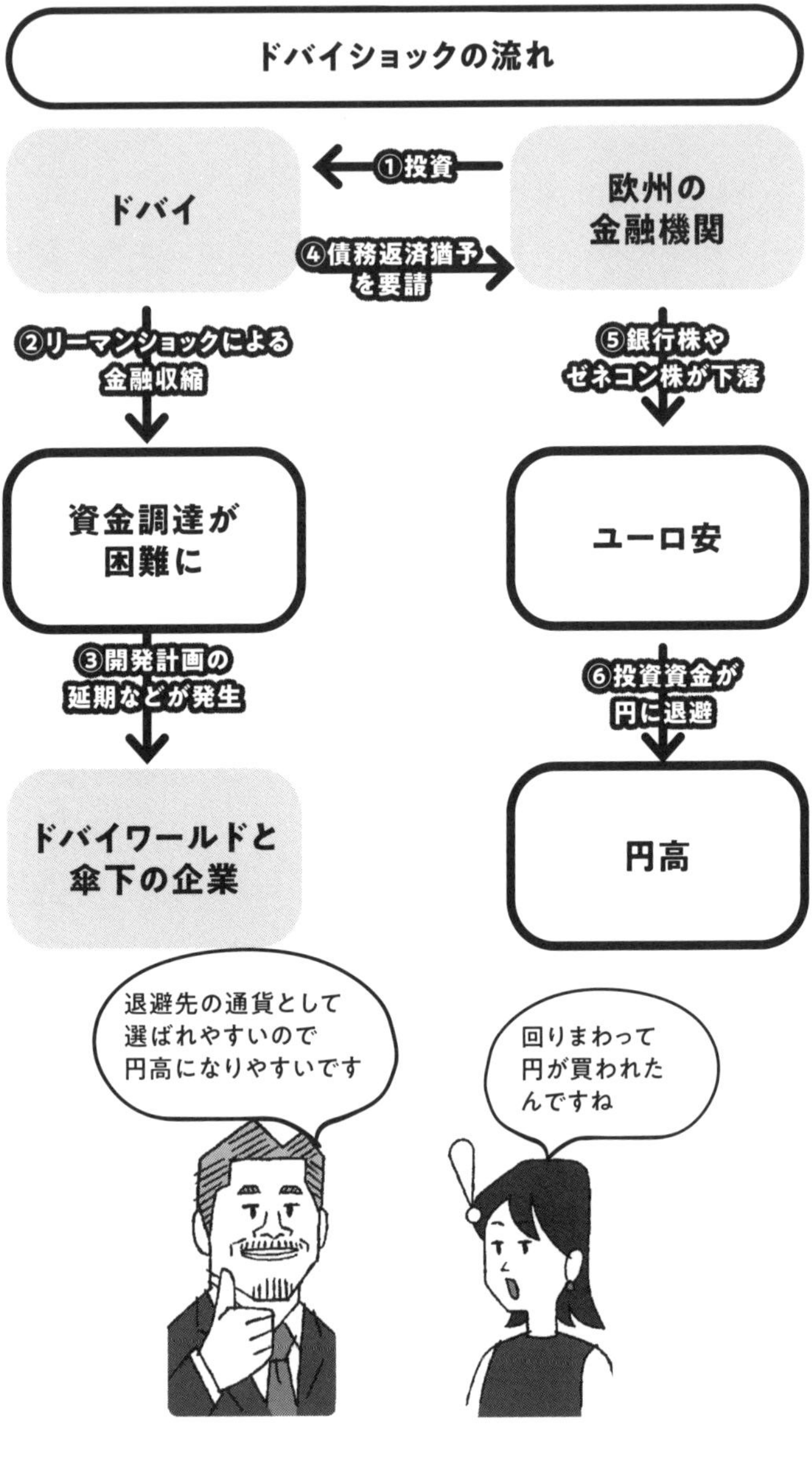
ドバイショックの流れ
ドバイ
①投資
欧州の
金融機関
④債務返済猶予
を要請
②リーマンショックによる
金融収縮
⑤銀行株や
ゼネコン株が下落
資金調達が
困難に
ユーロ安
③開発計画の
延期などが発生
⑥投資資金が
円に退避
ドバイワールドと
傘下の企業
円高
退避先の通貨として
選ばれやすいので
円高になりやすいです
回りまわって
円が買われた
んですね

が急落しました。さらにその影響は外国為替市場にも波及し、ユーロや英ポンドが売られ始めました。

日本では、日本株が売られる一方で、消去法的に安全と判断された円が大きく買われ、2009年11月27日には、14年4カ月ぶりの高値となる1ドル＝84円台まで円高になりました。

しかしながら、ドバイは世界の金融市場からすると規模は小さく、アラブ首長国連邦の中央銀行からの資金供給もあり、ドバイショックは一時的な混乱はありましたが短期間で沈静化しました。

2007年～2009年のドル／円のチャート

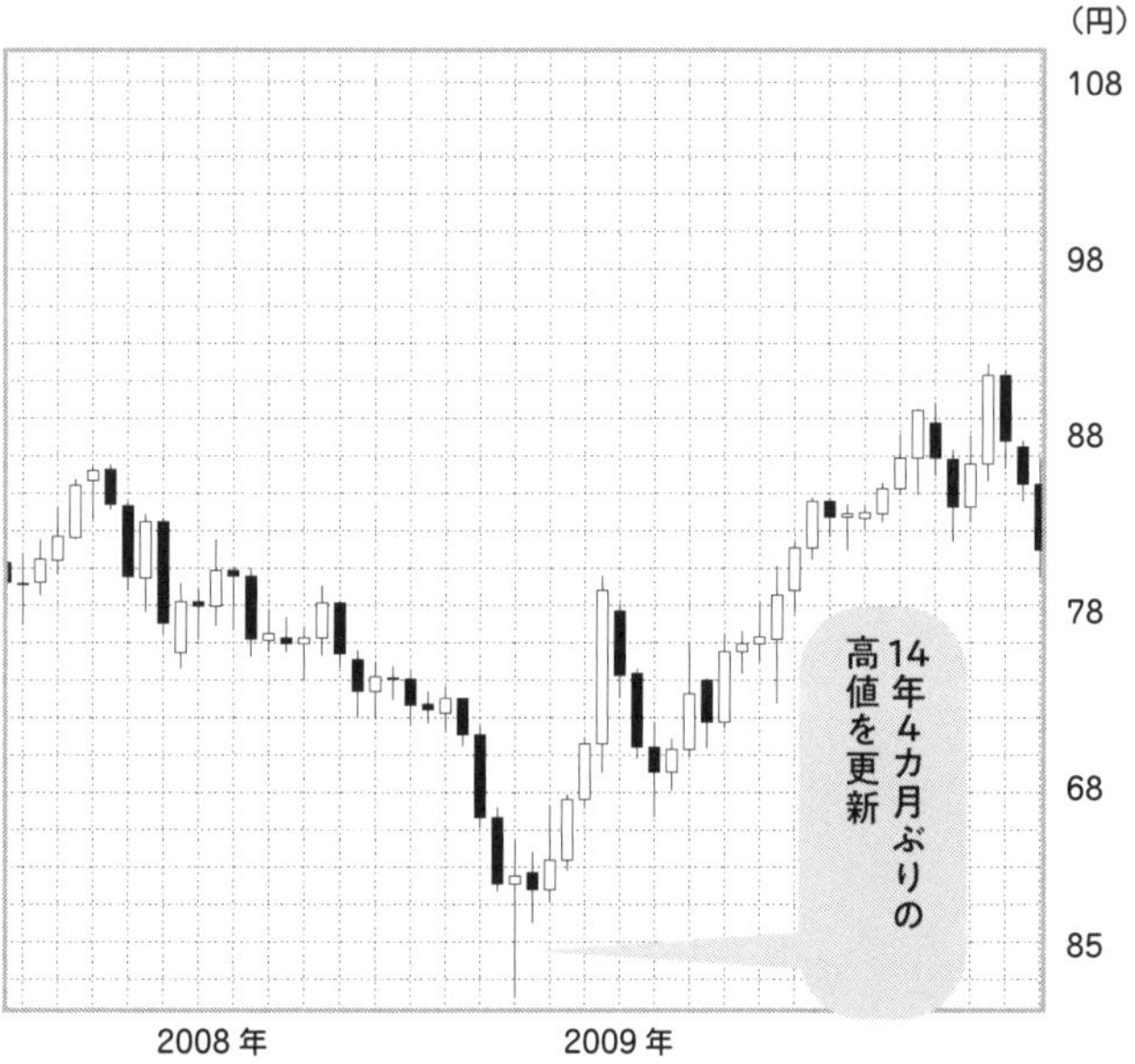

欧州全体を揺るがした「欧州債務危機」

欧州債務危機とは、「欧州ソブリン危機」や「ユーロ危機」とも呼ばれ、２０１０年代前半に発生した欧州を揺るがした経済危機です。

欧州債務危機の発端は２００９年10月にギリシャが政権交代した際に、財政赤字が公表数字よりも大幅に膨らんでいることを明かし、始まりました。

当初はギリシャ内のみでの経済危機でしたが、財政に不安のあるアイルランドやポルトガル、スペイン、イタリアなども問題視されるようになり、最終的には欧州全体を揺るがす事態になりました。市場では、債務問題の中心となったポルトガル、アイルランド、イタリア、ギリシャ、スペインの五カ国のことを「ＰＩＩＧＳ諸国」と呼んでいました。

欧州債務危機では、ギリシャ財政のデフォルト（債務不履行）懸念が強まったことでギリシャ国債（ソブリン債）の価格が急落し、それにともない財政赤字を抱えるほかのＰＩＩＧＳ諸国の国債価格も下落しました。市場の不信感はＰＩＩＧＳ諸国だけでとどまらず、これらの国々の債権を大量に保有している欧州域内の銀行にも向けられ、ベルギーに本拠を置く大手銀行デクシアは経営破綻してしまいました。

欧州債務危機にはユーロという通貨の問題点も浮き彫りになりました。

ユーロ圏の通貨政策と金融政策はＥＣＢ（欧州中央銀行）にゆだねられる一方、財政政策は各国が主権を持つという中途半端な構造でした。このため、ＰＩＩＧＳは、低金利での資金調達というメリットを享受しつつ「放漫財政」へと傾斜していったのです。

また、いざ問題が表面化すると、支援策を決めるためには各国の承認を得なければならず、決定まで時間を要しました。この結果、欧州だけでなく世界を巻き込む経済危機となったわけです。

このような状況のなか、外国為替市場ではユーロ売りが強まり、、２００９年10月には１ユーロ＝１３８円台だったユーロ円は、２０１０年８月には１０５円台半ばまで下落しました。

2009年～2010年のユーロ／円のチャート

(円)
138
130
122
114
106
長期にわたって
円高に

解決まで時間がかかったことが最大の原因ですね
時間をかけて33円も下落していますね

スイスのサプライズニュースで急変動した「スイスショック」

スイスは、２０１１年９月から約３年にわたり、スイスフランによる対ユーロの上限１ユーロ＝１・20フランとした為替介入を行いながら、為替レートを維持してきました。しかし、２０１５年１月15日のスイス国立銀行（ＳＮＢ）の理事会において対ユーロの上限１ユーロ＝１・20フランの廃止を突如として発表したことで、０・85フランまで暴騰しました。その影響は対ユーロだけでなく、ドル／スイスフランは１・０２１７フランから０・７３９８フラン、スイスフラン／円は１１４・95円から１５４・42円まで変動しました。わずか20分ほどの間で起きた、この一連の出来事を「スイスショック」と呼びます。

この発表は国際通貨基金（ＩＭＦ）にすら事前に報告されていなかったため、さまざまな投資家にとっても特大のサプライズとなりました。

スイスは輸出大国であり、貿易黒字が大きかったため、スイスフラン高による国内経済の悪化を回避したいという思惑が以前からありました。しかし、２００９年からの欧州債務危機（233ページ参照）の影響で安全通貨とされるフランが対ユーロで買われてしまい、2011年8月には1ユーロ＝1・0067フランという過去最高値を更新したことで、SNBは同年9月6日に1・20フランを上限とした無制限の為替介入（ユーロ買い・フラン売り）に踏み切ることになります。

SNBの為替介入は一定の効果を示していましたが、ユーロ圏の景気後退やデフレ懸念から2014年後半からユーロ売り・フラン買いの圧力が強まってきました。

また、スイスは既に外貨準備高が国内総生産（GDP）の7割まで膨れ上がっていたことで、1ユーロ＝1・20の上限を維持するための継続的な介入は不可能と判断し2015年1月に上限を撤廃したということです。

一方で、外国為替市場はSNBがユーロを買い支えてくれるため、個人投資家からヘッジファンドまでがユーロの買いポジションを膨らませていました。そこで、為替介入を行わないと発表したことで、スイスショックと呼ばれる急激かつ大幅な変動を見せたのです。

2015年のスイスフラン／円のチャート

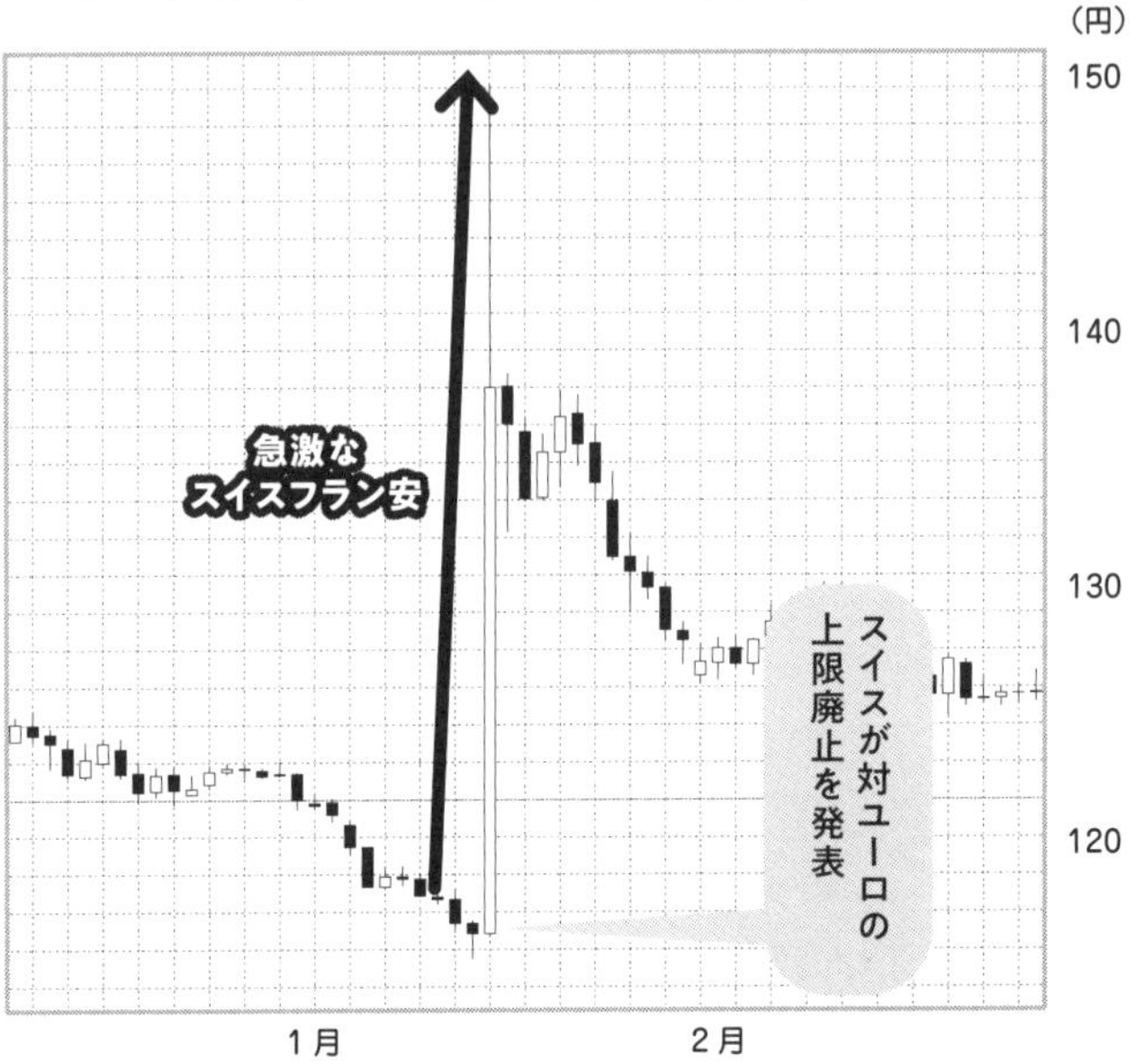

（円）
150
140
130
120
急激な
スイスフラン安
スイスが対ユーロの
上限廃止を発表
1月
2月

20分でこんなに動いたんですか!?
それだけ、市場にとってサプライズだったわけです

米国債格下げによってドルが急落した「米国債ショック」

アメリカの格付け機関スタンダード＆プアーズ（S&P）が、２０１１年８月５日にアメリカの長期発行体格付けをＡＡＡからＡＡ＋に格下げしたことによって世界の通貨や株式に影響を与えた出来事です。格付け機関とは、債券などの元本償還や利払いの確実性を分析し、アルファベットや数字など簡単な記号でランク付けする民間企業のことです。米国債は世界でもっとも安全な投資先と見られていたため、格下げは大きなショックを与えました。

米国債は法律で発行総額の上限を定めていました。２０１１年１月の段階で財務長官が法定上限である14兆２９００億ドルに達する可能性があることを指摘していましたが、５月には法定上限に達し、デフォルト回避のために特別措置を実施したことで、債務上限問題が表面化しました。

この問題に対して、アメリカの格付け機関のムーディーズが格付けを引き下げる方向で見直すと発表したことで、ドルが売られ始めました。ムーディーズは結果的に格下げを行わなかっ

米国債ショックの流れ

年月	内容
2011年1月6日	米財務長官が米国債発行総額が法定上限に達する可能性があると指摘
2011年5月16日	米国債発行上限が法定上限額に達し、緊急措置を行う
2011年7月13日	米格付け会社ムーディーズが米政府債務格付け格下げ方向で見直すと発表
2011年8月2日	債務上限引き上げ法案が成立し、ムーディーズが格付けの据え置きを発表
2011年8月5日	米格付け会社S&Pが格下げを発表
2011年8月8日	世界同時株安が発生

格付け会社の格下げ発表でこんなにも大きな事件になるんですか
格下げによって、安くなる前に手放そうとした人が増えたためです

たのですが、S&Pはアメリカの長期国債格付けを格下げし、財政赤字が悪化すればさらに格下げをすると警告したことで、ドル安は加速しました。

一方、日本銀行は格下げが行われる前日に円高に対して約4兆5000億円の為替介入を行い、円安誘導に成功していたものの、格下げによって再び円高が進んでしまいました。

2011年のドル／円のチャート

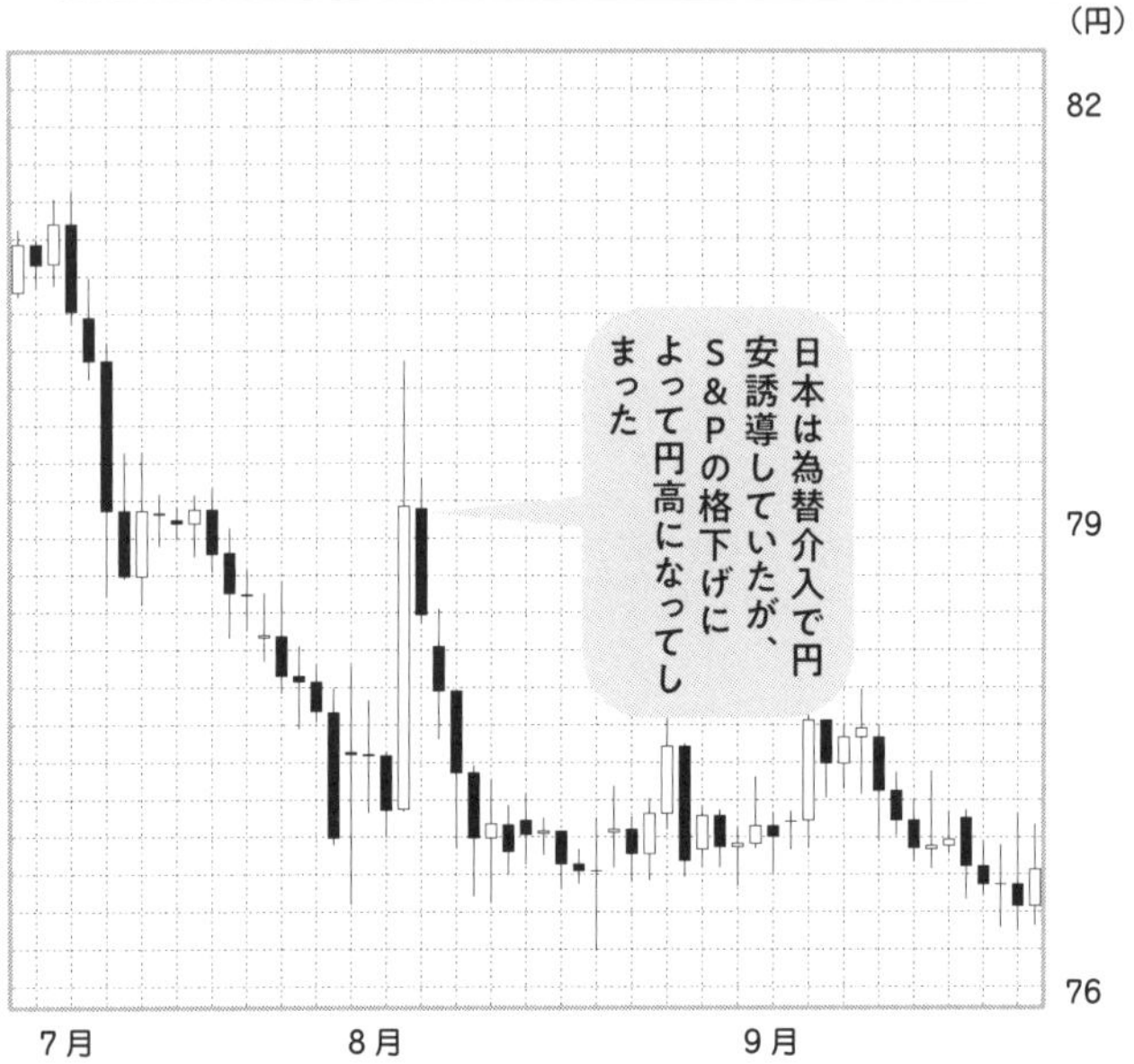

世界同時株安に発展した「中国人民元ショック」

２０１５年８月11日に中国中央銀行が突如として、対ドルの人民元の大幅な切り下げを行ったことで世界同時株安に発展した出来事です。

中国中央銀行は人民元の切り下げは基準値の算出方法を変更したことによるものだと説明していましたが、市場関係者の間では中国経済が減速したため、輸出のテコ入れ策として行われたとの見方が強まっていました。

そのため、人民元の切り下げ後中国株は大暴落し、ひと月の間に上海証券取引所のＡ株は時価総額の約３分の１を失い、世界同時株安へとつながっていきました。

これにより、世界的にリスクオフになった結果、ドル／円相場は１ドル＝１２５円前後から一時、１１６円台にまで円高・ドル安に推移しました。

2015年6月～8月のドル／人民元のチャート

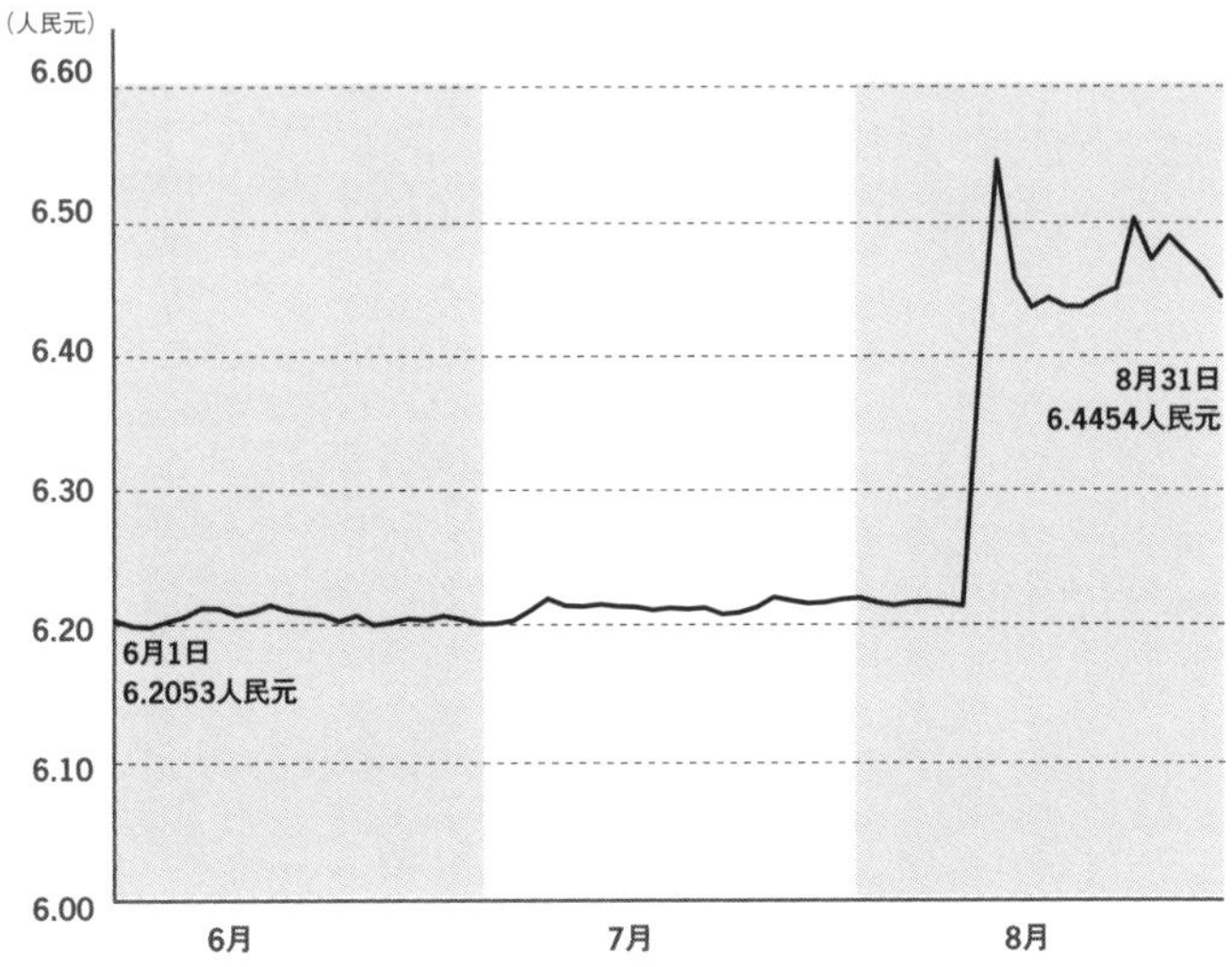

イギリスの予想外の投票結果で相場が変動した「ＥＵ離脱国民投票」

２０１６年に、イギリスにおいてＥＵに残留するか、離脱するかを問う国民投票が行われました。

５月末時点での世論調査では、離脱派と残留派が拮抗していましたが、残留を支持していたジョー・コックス議員が銃殺されるという事件発生後は残留派がやや有利になっていました。

６月23日に国民投票が実施され、出口調査では残留派が優勢でしたが、結果的には離脱派が勝利しました。

これは残留を予想していた市場にとってサプライズとなり、英ポンドは売られ、リスクオフになったことで、ポンド／円だけではなく、ドル／円相場でも急激な円高になりました。ただし、この動きは一時的なものですぐに動きは落ち着きを取り戻しました。ドル／円の為替レートは国民投票前とくらべ約４円ほど下がったものの、その後は急激な変動は起きていません。

これは、典型的なサプライズによる取引であったと考えられます。大きな流れに影響は与えず、短期的な変動にとどまっています。

また、円が買われた背景には前年のスイスショックの影響もあります。リスクオフ時には、安全資産に資金が流れます。以前はスイスフランも有力な避難先でしたが、スイスショックが発生したことで、安全性という面が薄れたため、円の避難先としての価値が相対的に上昇しました。

EU離脱国民投票時のドル／円のチャート

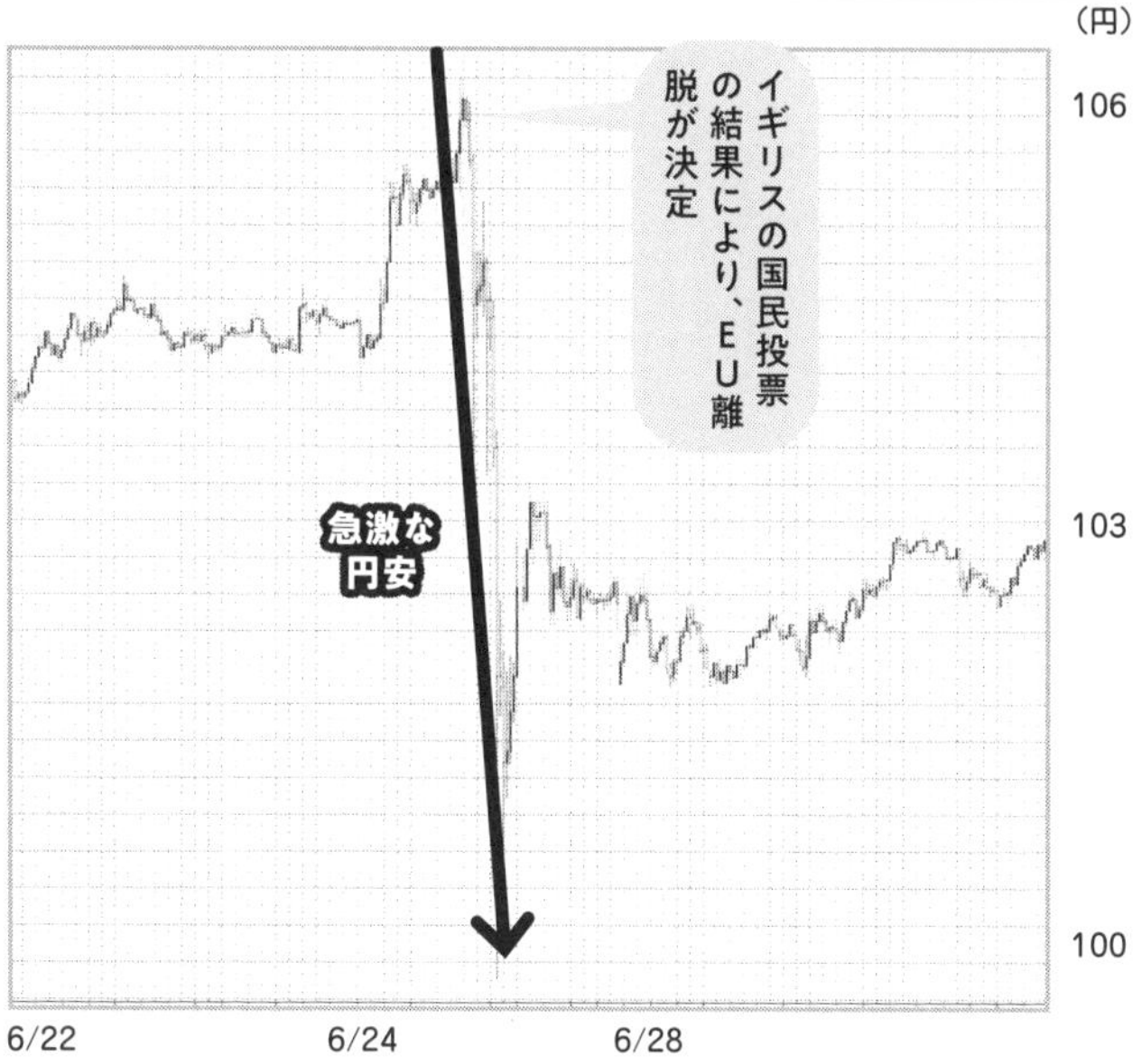
（円）
106
103
100
6/22
6/24
6/28
イギリスの国民投票の結果により、EU離脱が決定
急激な円安

実質的なリスクではなく、サプライズで動いたため動きは限定的でした
為替市場では短期的な変化ですね

トランプ氏の勝利によって相場が大変動した「トランプ・ラリー」

２０１６年11月の米国の大統領選におけるドナルド・トランプ氏の勝利をきっかけに、世界の株式相場や為替市場に大きな変動を与えた出来事です。

トランプ氏の勝利は世界中のマスコミや専門家が予想していないものでした。仮にトランプ氏が大統領になった場合、そのリスクを懸念し、株式市場もドルも大暴落すると予想されていました。

選挙の開票が進む中でトランプ勝利の可能性が出てくると、日本をはじめとするアジアの株式市場は下落に向かい、日経平均は９００円以上の暴落を起こしました。為替市場でも、ドル／円は１ドル＝１０５円から１０１円まで一気に急落しました。

しかし、トランプ勝利の可能性がさらに高まると、今度は主な株価指数が上昇に転じ、為替市場でもドル／円は反発を始めました。

結果的にニューヨークダウ平均は２５０ドル以上高騰し、ドル／円は１０５円まで回復しました。

トランプ新政権の掲げる減税や財政出動などの政策期待から米国長期金利が上昇し、外国為替市場では円安・米ドル高が進行、米株式相場の上昇にともなって日本をはじめ世界の株式相場も上昇しました。ドル／円相場は最終的に１１８円台までドル高・円安となりました。

2016年〜2017年のドル／円のチャート

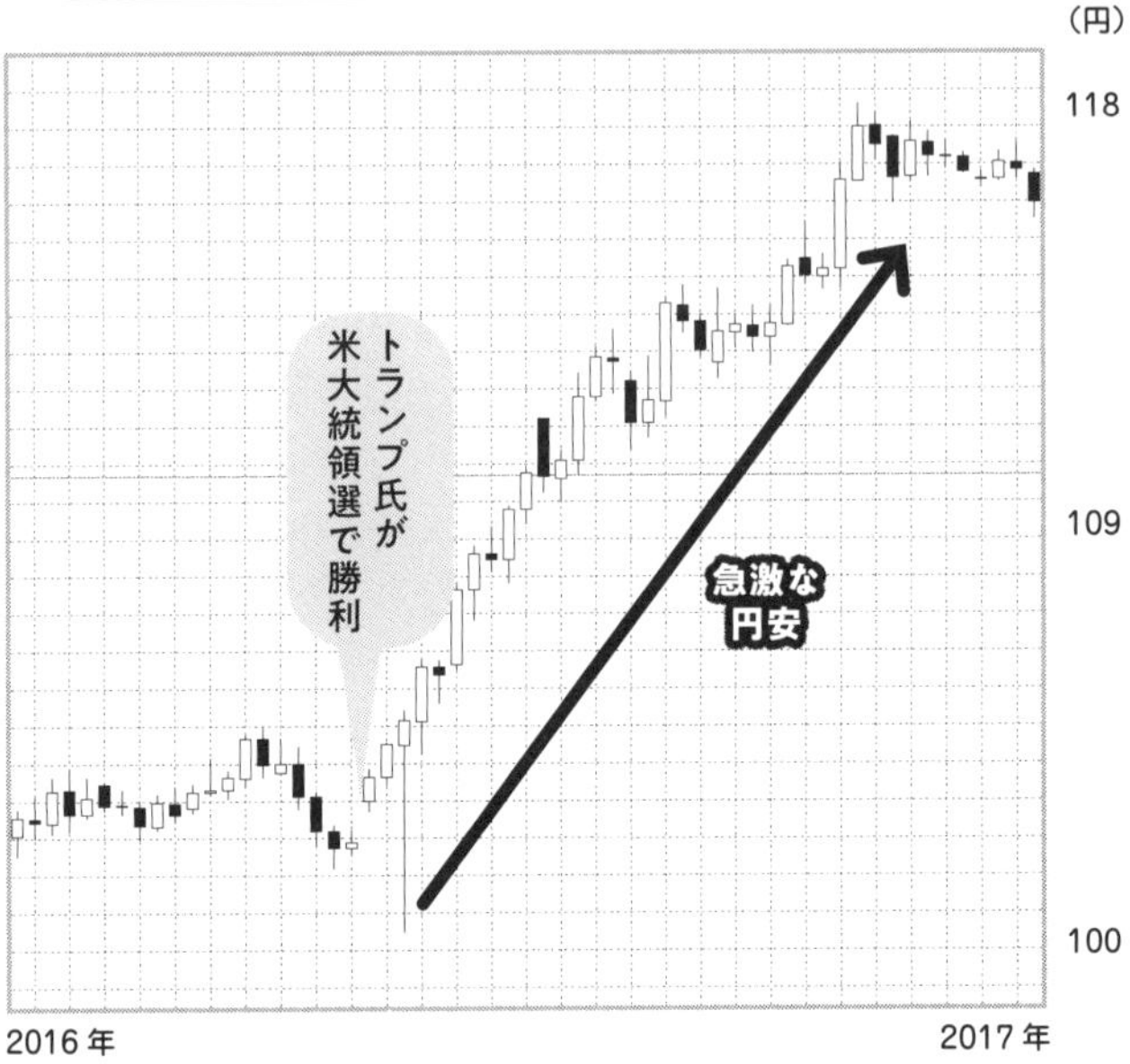

外交問題から発展した「トルコショック」

米国人牧師の拘束をめぐる外交問題が直接のきっかけとなり、トルコ共和国の通貨リラが急落した通貨危機を「トルコショック」と呼んでいます。

そもそものきっかけは、2016年10月に発生したクーデター未遂事件に関与したとして、米国人牧師をトルコ当局が拘束したことです。2018年になるとトランプ氏がトルコに対して牧師を開放しなければ「大規模な制裁」を行うと警告しました。その後、アメリカがトルコに対して経済制裁を発動したことにより、トルコリラが一斉に売られ1ドル＝5・55リラから6・87リラまで急落しました。対円でも1リラ＝20円から16・10円まで下落しました。

当時は、リラの金利は高かったため、日本の投資家はリラを保有していましたが、リラの急落でポジション維持が不可能になり、多くの投資家が投げ売りしたことも下落を加速させました。トルコリラの急落にともない、リスクを回避するためにほかの新興国通貨も売られ、アジア新興国通貨も軒並み下落したのです。

トルコはもともと海外マネーに頼っている経常赤字国であったため、為替介入の余力が乏しかったことも通貨安を加速させる要因となっていました。また、トルコのエルドアン大統領がインフレ抑制や通貨防衛のために必要な利上げに否定的であったことも、混乱の一因となっていました。

リラはその後も低迷を続け、２０２０年11月19日に政策金利を15％にまで引き上げたことでようやく落ち着きが見られるようになりました。

トルコショックの時のリラ／円のチャート（2018年）

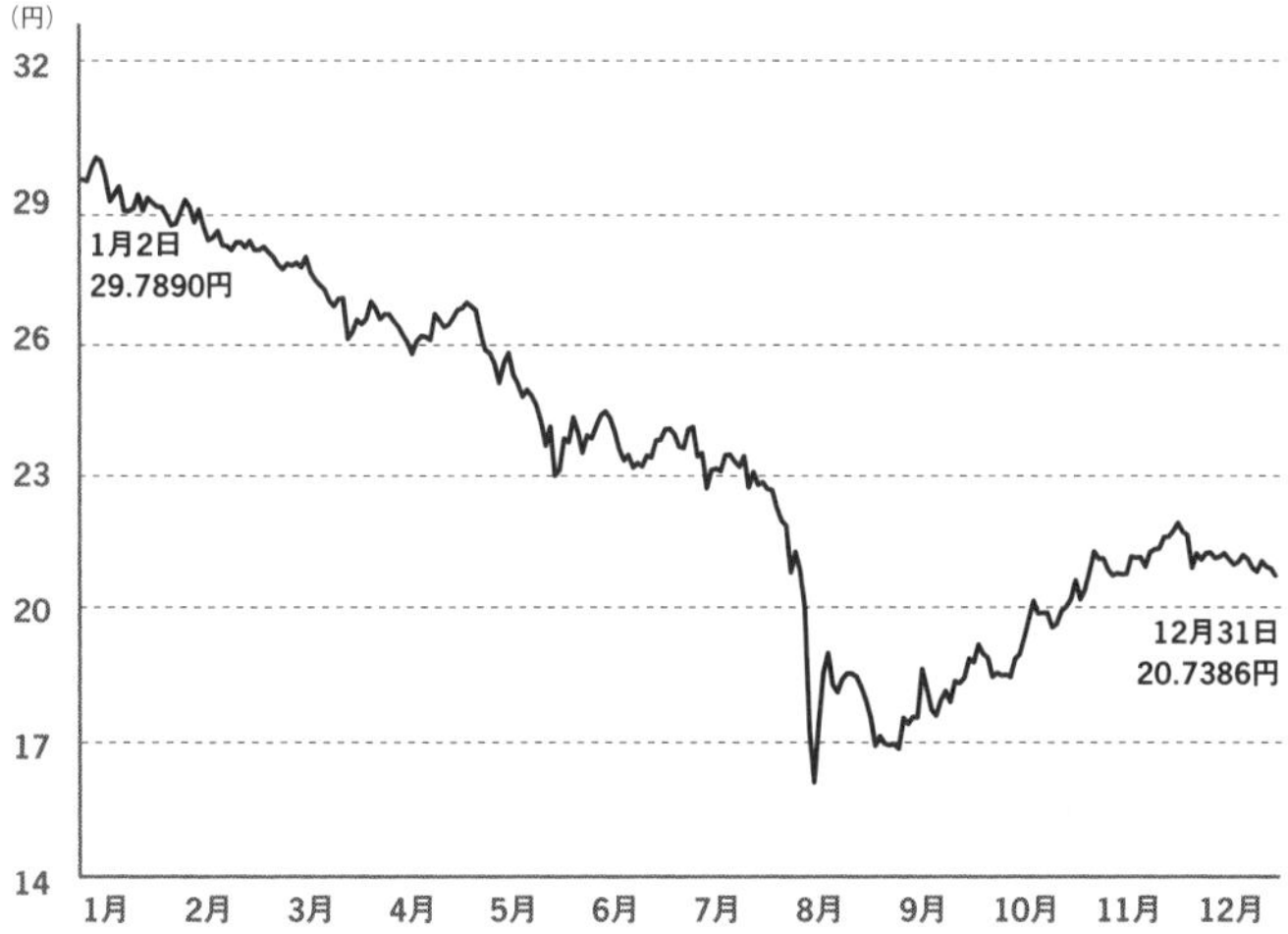

おわりに

為替は私たちの生活に密接しており、いかに大事なものなのかがおわかりいただけたでしょうか？　為替に関する疑問に少しでもお答えできていれば幸いです。

本書で説明したように為替は世界経済を表すものです。時には為替市場の参加者たちや国の思惑によって変動するものです。日本国内はもちろんですが、海外でなにか事件が起きれば、多かれ少なかれ円相場にも影響を与え、大きく変動すれば国の経済活動にも影響を与えます。

為替を知ることで、世界で何が起こっているのか知ることができるという意味がおわかりいただけたかと思います。

ただ、ひとつ気を付けていただきたいのは、同じような事件が起きても、必ずしも過去の事例のような動きをするとは限らないということです。本書でも解説したリーマンショックとコロナショックのように同じような経済危機でも、その時の各国の状況や為替市場参加者の動き次第で、為替の動きは異なります。

最近では仮想通貨などの、どの国にも属さない金（ゴールド）のような投資商品が登場したことで、投資家の資金の動きも複雑になっています。

もちろん、各国の経済政策や通貨政策も大事ですが、為替市場の参加者がどのような動きをしているのかも為替の動きを知るためには必要です。

本書を読み、為替のしくみを知ったことで、為替が大きく動いたときに何が起こったのかわからないという状況にはなりにくくなったでしょう。外貨建て保険に加入している人やＦＸを行っている人、海外株に投資している人などにも役立てる情報をお伝えできたかと思います。

本書をお読みいただいたことで、みなさんの生活に役立つことができれば幸いです。

お金の話に強くなる!

為替のしくみ

株式会社
外為どっとコム総合研究所

神田卓也

1987年福岡大学卒業後、第一証券株式会社（現三菱UFJモルガン・スタンレー証券株式会社）を経て、1991年に株式会社メイタン・トラディション（現株式会社トラディション日本）入社。インターバンク市場にて、為替・資金・デリバティブなどの各種金融商品の取引業務を担当し、国際金融市場に対する造詣を深める。2009年7月より株式会社外為どっとコム総合研究所入社。個人投資家へ向けた為替情報の配信やWeb、新聞、テレビなどのメディアにもコメントを発信。著書に「いちばんやさしい為替の教本」。

2021年8月15日　発行

監修解説	神田卓也
編集・執筆	柳生大穂（有限会社バウンド）
カバー・本文デザイン	ili_design
イラスト	岡野賢介
DTP・図版作成	有限会社バウンド
校正	伊東道郎
発行人	佐藤 孔建
編集人	梅村 俊広
発行・発売	〒160-0008 東京都新宿区四谷三栄町12-4 竹田ビル3F スタンダーズ株式会社 TEL：03-6380-6132
印刷所	中央精版印刷株式会社

●本書の内容についてのお問い合わせは、下記メールアドレスにて、書名、ページ数と箇所を明記の上でご連絡ください。ご質問の内容によってはお答えできないものや返答に時間がかかってしまうものもあります。予めご了承ください。

●お電話での質問、本書の内容を超えるご質問などには一切お答えできませんので、予めご了承ください。

●落丁本、乱丁本など不良品については、小社営業部（TEL:03-6380-6132）までお願いします。

e-mail：info@standards.co.jp

Printed in Japan